4계절 투자법

4계절 투자법

• 최일, 박정상 공저 •

리툴북스

목차

저자의 글 _8

1부. 투자는 평생의 과제
_13

1장. '이생망'을 외치는 젊은이에게 – 올바른 욕심내기 _18
1) 버핏 재산의 비밀은? _19
　정말 100억을 모을 수 있을까요?
2) 주가와 부동산 가격 상승 메커니즘 _24
3) 1억 모으기가 가장 힘들어요 _28

2장. 저금리에 고통받는 자산가에게 – 주저함 극복하기 _30
1) 예금엔 답이 없다 _31
　예금 이자가 줄어들지만, 투자는 무서워요!
2) 위험 대비 수익률이 진짜 _36
3) 손익계산서의 삶에서 재무상태표의 삶으로 _39
　포트폴리오를 구성하고 끝까지 가면 안 되나요?

2부.
계절에 어울리는 투자
_45

1장. 자산시장에도 계절이 있는 이유 _47
1) 4계절 투자법이 만들어지기까지 _47
2) ETF, 투자가 쉬워졌다 _51
   코스톨라니의 달걀과 4계절 투자법의 차이는?
3) 경기 순환이 만드는 4계절 _58
   경기 침체가 계속될까요?
4) 미국/한국의 경기 순환 주기와 투자 시사점 _67
   예측해서 미리 투자하면 수익률을 더 높일 수 있지 않을까요?

2장. 계절에 적합한 나무를 심어야 한다 _74
1) 세계 최대 자산운용사가 찾은 경기 국면별 주식 업종 _74
   경기가 나빠지면 주식을 팔아야 하지 않나요?
2) 최고 연봉 펀드매니저의 채권 투자법 _83
   트럼프의 트위터에 대응하는 법
3) 4계절 투자법을 알면 대출도 쉬워진다 _93
   환율이나 금(Gold) 가격도 전망할 수 있나요?

3장. 경제 지표의 홍수에서 계절 감지하기 _98
1) 지도에는 경도와 위도가 있고, 투자 지도에는 경기와 물가가 있다 _98
   주식과 채권이 같이 오르거나 내릴 수도 있나요?
2) 핵심 지표와 보조 지표는 다르다 _108
   우리나라는 환율이 더 중요하지 않나요?
3) 경기 순환이 발생하는 요인 _115
   정부와 중앙은행의 정책이 투자에 미치는 영향은 무엇인가요?

3부. 계절 변화를 확인하는 법 _123

1장. 좋은 경제 지표 vs 잘못된 경제 지표 _125
전문가를 믿어도 되나요?

2장. 경기, 호황의 황소 혹은 불황의 곰 _132
1) 절대적 존재감, 제조업 PMI지수 _135
2) 국내 시장에 적용하기 적합한 재고순환선 _139
3) 국내외 경기 분석에 모두 쓰이는 OECD 경기선행지수 _145
4) 경기 지표를 활용하는 방법 _148
'경기선행지수가 경기를 선행한다'는 무슨 뜻인가요?

3장. 물가, 인플레이션 호랑이 _153
1) 선진국과 이머징 국가는 물가 목표와 변동성이 다르다 _154
물가는 낮을수록 좋은 것 아닌가요?
2) 물가가 자산시장에 미치는 영향 _160
미국 주식과 중국 주식을 투자하는 더 나은 방법은?
3) 근원물가가 진짜 _169
정치가 물가에 영향을 주지 않나요?

4장. 금리, 정부와 시장의 대화 _178
1) 역대 FRB 의장들과 제롬 파월 현 의장의 의사결정 기준 _181
파월의 FRB는 자산에 어떤 영향을 줄까요?
2) 장단기금리로 경기 침체와 금융위기를 전망할 수 있다 _187
장단기금리가 역전되었어요! 결국 금융위기가 오는 것 아닌가요?
3) 하이일드 스프레드를 알면 투자 타이밍을 찾을 수 있다 _198
일간 차트로는 타이밍을 찾기 어려워요

4부. 2020년에 심어야할 나무는?
_207_

1장. 글로벌 금융자산 포트폴리오 _209_

2장. 핫이슈: 2020년 금융위기는 올 것인가? _212_
1) 미국 부동산 _214_
2) 미국 주가지수 _214_
3) 중국 주가지수 _215_
4) 국제유가 _216_

3장. 핫이슈: 서울 아파트 시장은? _218_
1) 장기: 밸류에이션 _219_
2) 중기: 자산/수익분석 _220_
3) 단기: 모멘텀 분석 _221_

마치며 _224_

저자의 글 1

구글 학술검색 사이트에는 다른 구글엔진과 달리 "거인의 어깨에 올라서서 더 넓은 세상을 바라보라"는 아이작 뉴턴의 글이 있습니다. 인간이 만들어 놓은 지식공동체의 도움이 있었기에 현 인류는 놀라운 문명과 문화를 일굴 수 있었습니다.

투자를 공부하면서 이런 생각들을 했었습니다.

"세상에 분명 엄청난 지식과 지혜로 쌓아 올린 도서관이 있을 것이다."

"내가 하는 고민은 이미 누군가에 의해서 해결되었고, 그 해결책은 어딘가 기록되어 있을 것이다."

"답은 없는 것이 아니라, 내가 아직 찾지 못했을 뿐이다."

시간이 지나면서 생기는 지식의 나이테는 위기상황이 되면 굵어집니다. 1930년의 대공황기에 GNP 같은 거시경제의 틀도, GAAP 같은 미시경제의 틀도, 밸류에이션의 틀도 만들어진 것을 생각하면 큰 위기는 장기적으로 인류에게 행운이었습니다.

저에게는 대학을 졸업하고 금융회사에 입사한 시점, IMF로 직장을 바꾸어야 했던 시점이 그런 시간이었습니다. 위기의 순간, 무모한 믿음(?)을 가지고 도서관에서 해결책을 찾았습니다.

시간이 지나고 보니 CFA 관련도서에, 투자 대가들의 말과 글에 정말 다 있었습니다.

CFA 도서는 방대한 양이 부담이었고, 투자 대가들은 수수께끼나 선문답 같은 모호함이 있어 힘들었습니다. 그러나 CFA 프로그램은 정답을 제공해 준 거인이었고, 투자 대가들은 저에게 적합한 해답을 전해 준 거인이었습니다. 글로벌 투자 스탠더드를 배워 덜 흔들렸고, 시행착오를 더 줄였으며, 즐겁고 편안한 투자를 할 수 있었습니다. 아는 즐거움과 실행의 즐거움은 성취의 즐거움으로 이어졌습니다.

2017년 출간한 『금융, 배워야 산다』가 금융과 투자에 관한 일반론이라면, 2020년 『4계절 투자법』은 투자에 대한 실천 지침서입니다. 결코 쉽지 않은 투자의 길에, 대가들처럼 당당하게 어깨를 빌려드리지는 못하겠지만, 그들을 슬쩍 지켜본 사람으로서 핵심 노하우를 잘 전달할 수 있으면 좋겠습니다.

지난 20여 년간 거인들과의 즐거운 놀이를 지지하고 응원해 준 아내 소영과 하연, 현우에게 사랑한다는 말을 전합니다.

2019. 12. 국회도서관에서
최일

저자의 글 2

스승님을 만난 지 6년이 지났습니다.

금융업에 종사하면서 수많은 사람들을 만났습니다. 배울 점이 많은 사람과 반면교사로 삼아야 할 사람들까지 누구 하나 가르침을 주지 않은 이가 없지만 꼭 한 명을 꼽으라 한다면 일각의 지체 없이 스승님이라 말할 것입니다.

"남의 말을 그대로 따라 하는 앵무새가 되지 말고, 거칠고 투박하더라도 자신의 이야기를 해라!"

"읽고 들어 본 것은 네 것이 아니다. 쓸 수 있고 말할 수 있어야 네 것이다."

"진정으로 도움을 주고 당당하게 수수료를 요구하라!"

가르침을 실천하고자 스승님께 어찌하면 되겠냐고 물었습니다.

"빠른 길은 없다. 배우고 익히는 일을 끊임없이 반복하라!"는 답이 돌아왔습니다. 스승께선 20년째 같은 일상을 보내고 계십니다. 전 그 20년 중 겨우 6년을 흉내 내어 보았습니다.

책은 스승의 강의 내용과 제 우매한 질문에 대한 답변으로 구성되었습니다. 고백하건대 이 글은 온전히 스승님의 지식과 지혜들입니다. 저는 궁금한 것을 묻고, 답한 것을 정리하고 주석을 달았을 뿐입니다. 책을 쓴 지난 4개월은 최고의 스파르타 교육이었습니다. 질문을 통해 아는 것과 모르는 것, 대충 아는 것과 제대로 아는 것, 알아서 할 수 있게 된 것과 아닌 것을 구별할 수 있었습니다.

아무것도 모르고 금융업에 입문했지만, 고객의 질문에 제대로 멋지게 답변하고 싶었습니다. 그 간절한 마음이 저를 시나브로 금융전문가와 투자전문가로 만들어 가고 있습니다.

이제 금융과 투자는 금융인뿐만 아니라 모든 사람의 필수재가 되었습니다. 행복한 투자자가 되는 데 이 책이 도움이 되길 바랍니다.

박정상

1부

투자는
평생의 과제

1장. '이생망'을 외치는 젊은이에게
올바른 욕심내기

2장. 저금리에 고통받는 자산가에게
주저함 극복하기

투자를 공부하고 실행한 지 25년, 강의를 통해 세상과 소통한 지 15년이 넘었습니다. 가장 많이 한 고민도, 가장 많이 들었던 질문도 "지금은 뭘 사야 하나?"입니다. 질문은 동일하지만 항상 간절했습니다. 질문은 간단하고 가볍지만 답변은 복잡하고 무겁습니다.

25년의 투자 인생에서 시행착오도 많았습니다. 15년간 강의에서 틀린 점도 있었습니다. 그러나 크게 오진하지 않았고 적절히 처방했기에 나름의 재산도 이룰 수 있었고 도움이 필요한 이들에게 도움도 줄 수 있었습니다. 감사한 일입니다.

저는 고객 돈을 관리해 주는 역할을 하는 PB들에게 "당신은 의사입니다."라고 이야기하곤 합니다. 많은 직업 중에서도 의사가 중요한 이유는 목숨을 다루기 때문입니다. 소중한 돈을 잃었을 때 사람들이 죽음을 떠올린다는 사실을 생각하면 돈은 생명만큼 소중합니다. 누구 말처럼 '피 같은 돈'입니다.

의사가 오진을 하고 잘못된 처방을 하면 목숨이 위태롭듯이, 경제 상황에 대한 잘못된 진단과 처방도 위험합니다. 생명을 다루는 의사가 최선을 다해야 하듯이, 돈을 다루는 투자자도 최선을 다해야 합니다. 태도는 올곧아야 합니다. 원칙은 흔들림 없이 준수되어야 합니다. 실행은 주저함이 없어야 합니다.

스티브 잡스도 제프 베조스도 워렌 버핏도 돈을 목적으로 좇지 않았습니다. 대가들은 공통적으로 과정에 충실하니 돈이 저절로 벌렸다는 이야기를 합니다. 타이거 우즈도 스윙을 했는데 아래에 공이 있었을 뿐이라고 하더군요. 저 또한 이들처럼 과정에 충실하고 싶었습니다. 그래서 상아탑의 원칙을 공부하고, 현실세계의 대가들을 검증했습니다.

"2020년에는 무얼 사면 되나요?"에 대한 답은 책의 후반에 한 페이지로 존재합니다. 그러나 독자분들이 저와 이 여정을 함께했으면 좋겠습니다. 투자와 자산관리는 평생에 걸쳐 해야 할 중요한 과제이며, 온전히 남에게만 맡기기에는 너무 소중한 일이기 때문입니다.

이 투자 여행 루트는 20여 년간 제가 계획하고 실행하고 수정하면서 찾아낸 핵심 기법입니다. 함께하다 보면 돈이 다가오기 시작할 것입니다. 이제 출발합니다.

제가 다룰 자산관리 방법은 '4계절 투자법'입니다. 경기는 계절처럼 회복, 확장, 후퇴, 침체의 4개 국면으로 이루어집니다. 각 국면에는 적합한 자산과 상품이 따로 있습니다. 4계절 투자란 경제 지표를 통해 경기의 4가지 국면을 확인하고 파악하여 30개 내외의 글로벌 ETF를 매칭하는 방법입니다. 자신의 투자 성향에 따른 분산 투자를 통해 안정적이면서 높은 수익을 얻을 수 있을 것입니다.

이 이야기를 길게 하고자 하는 이유는 세 가지입니다.

첫째, 계절과 경기 지표는 다른 점이 있습니다. 계절은 주기가 안정적이라 3월에 봄, 6월에 여름, 9월에 가을, 12월에 겨울이 시작됩니다. 하지만 경기는 주기가 일정치 않아 3월에도 눈이 오고 12월에 꽃이 피기도 합니다. 또한 진폭도 달라 눈이 아주 심하게 올 때도 있고, 꽃이 제대로 피지 못하기도 합니다. 4계절 투자법을 제대로 적용하려면 정보의 변화를 '스스로' 알 수 있어야 합니다. 시간이 지나면 정보가 바뀌고, 정보가 바뀌면 시장이 변하고, 시장이 변하면 상품을 바꾸어야 합니다.

둘째, 계절이 크게 바뀌지 않아도 자산시장은 계속 변하기 때문입니다. 4계절 투자라는 길이 고속도로처럼 넓긴 하지만, 간혹 차가 막힐 때도 있습니다. 저는 스스로 만든 모델이기에 믿고 기다리겠지만, 어떤 이는 좁은 도로로 나아가기도 할 것입니다. 꼭 필요하지만 갖추기 어려운 두 가지 능력이 있습니다. 계절 변화를 감지할 수 있는 능력, 그리고 계절 변화가 없을 때 용기와 인내로 헤쳐 갈 수 있는 능력. 그래서 제대로 알아야 합니다.

셋째, 꽤 오랫동안 강의를 해 왔지만, 4계절 투자법을 이해하면서도 제대로 실행하지 못하는 사람들을 많이 보았습니다. 제대로 실행하지 못하고 때로는 엉뚱한 투자를 한 이유는 세대에 따라 조금씩 달랐습니다. 그것은 '욕심'과 '주저함'에서 출발했습니다. 이 이야기부터 하겠습니다

1장
'이생망'을 외치는 젊은이에게
올바른 욕심내기

+++

　2003년에 500이던 주가지수가 2007년에 2,000까지 오르자 재테크는 모두의 화제였습니다. 『대한민국 20대, 재테크에 미쳐라』가 베스트셀러에 오르기도 했고, '10년 안에 10억 벌기' 광풍도 불었습니다. 100만 원으로 시작해 종잣돈 3,000만 원을 만들고, 이를 계속 운용해 1억, 3억으로 불리고, 결국 목표인 10억을 만들어 멋진 젊은 부자로 은퇴하기를 꿈꾸기도 했습니다. 하지만 2008년 금융위기는 많은 젊은이에게 아픈 기억으로 남았습니다. 2017년에는 암호화폐가 많은 젊은이를 들뜨게 했지만, 또다시 상처가 되고 말았습니다.

　위의 두 가지 투자 이야기는 대부분의 사람에게 남의 이야기일 수도 있습니다. 우리나라 주식투자 인구는 겨우 5백만 명입니다. 전체 인구 중 겨우 10%, 경제활동 인구 중에서는 20%입니다. 1세~29세까지의 주식보유 비중은 전체 시가총액의 3%에 불과합니다. 암호화폐는 특별한 통계가 없지만, 2017년 말 최고 시점에도 전 세계 GDP의 1% 수준이었습니다. 폭락했다고 해도 전체 시장에 충격을 주기는 어렵습니다.

　하지만 부동산은 다릅니다. 주식투자와 암호화폐투자는 해도 그만 안 해도 그만인 옵션이지만, 하루 1/3인 8시간을 쉴 수 있는 공간은 누구에게나 필요합니다. 최근 서울 아파트 가격이 폭등하니 재테크는 다시 화제가 되었습니다. 『대한민국 20대, 부동산에 미쳐라』라는 책이 나오기도 했습니다. 그런데 이미 너무 올라 버린 부동산 가격에 어떤 사람들은 "이번 생은 망했어."라며 자조 섞인 이야기를 하곤 합니다. 대학생인 딸과 아들을 키우는 아버지로서 올바른 욕심내기에 대해 알아보겠습니다.

1) 버핏 재산의 비밀은?

워런 버핏은 자산이 100조 수준입니다. 연봉 100억 원인 사람이 무려 10,000년을 일해야 달성 가능합니다. 신석기 시대부터 매주 2억씩 모아야 한다는 뜻입니다. 어떻게 이런 부를 이룰 수 있을까요?

버핏처럼 되는 것은 너무 너무 너무 너무 어려운 일입니다. 버핏은 다우지수가 40이던 대공황기의 미국에서 태어났습니다. 아버지가 증권 중개인이었고 스승은 세계 최고의 투자 이론가인 벤저민 그레이엄이었습니다. 당시 주식투자자가 미국 인구의 겨우 1%이던 시대에 주식투자의 길로 들어섰으니 그는 정녕 하늘이 내린 부자입니다.

우리는 목표를 100조 원이 아닌 100억 원으로 소박하게 하고 그의 생을 다시 생각해 보겠습니다. 버핏은 연간 수익률이 15% 정도 됩니다. 놀라운 수익률이지만 말도 안 되는 수익률은 아닙니다. 그럼 그의 자산은 어떻게 증가해 왔을까요? 72법칙*을 따르면 15% 수익률로 돈이 두 배가 되는 기간은 약 5년이 필요합니다.

조를 억으로 바꾸어 다시 계산하면 100억 원을 가진 90세 버핏은 5년 전인 85세에 50억 원이 있었습니다. 80세에는 25억, 75세에는 13억입니다. 이렇게 계산해 보면 놀랍게도 100억 원의 종잣돈은 55세에 겨우 1억 원일 뿐입니다. 실제 버핏은 이런 말을 한 적이 있습니다. "나는 내가 번 돈의 99%를 55세 이후에 벌었다."

[72법칙에 따른 나이와 금액]

나이 (세)	90	85	80	75	70	65	60	55
금액 (억)	100	50	25	12.5	6.25	3.125	1.5625	0.78125

1억이 100억이 되는 신비라니, 놀랍지 않으신가요? 그럼 그가 25세, 30세, 35세였을 때는 대체 얼마가 있었다는 이야기일까요? 직접 계산해 보시길 추천합니다. 100조 원을 벌지는 못해도 100억 원은 벌 수 있을 것 같지 않으신가요?

---

* 72의 법칙
돈이 두 배가 되는 데 걸리는 수익률과 시간의 관계. 연간 12%의 수익률을 달성하면 6년. 3%의 수익률이라면 24년이 걸림

15%의 수익을 낸다면 5년에 두 배씩 자산이 늘어납니다. 1억이 100억이 되는 데는 35년이 필요합니다. 10%의 수익을 낸다면 7년에 두 배씩 자산이 늘어납니다. 1억이 100억이 되는 데 50년이 필요합니다. 5%의 수익을 낸다면 15년에 두 배씩 자산이 늘어납니다. 100년의 시간이 필요합니다. 결국 생전에 100억대 부자가 되려면 최소 10% 수준의 이익을 내야 한다는 뜻입니다.

대단한 욕심을 부릴 필요도 없습니다. 우리나라에서 부자의 조건으로 제시하는 금액은 10억, 50억, 100억 정도이지만, 실제 우리나라 상위 5%와 1%의 순자산은 각각 10억 원과 25억 원 수준입니다. 이 정도는 충분히 가능한 수치라는 생각이 들지 않으세요?

버핏 재산의 비밀은 뭘까요? 바로 투자 기간이 아주 길었다는 점입니다. 주주총회 자리에서 한 꼬마가 질문합니다. "할아버지, 어떻게 하면 저도 할아버지처럼 부자가 될 수 있을까요?" 버핏은 답했습니다. "저는 10살에 시작했답니다. 가능한 일찍 투자를 시작하세요."

2020년, 버핏은 만 90세가 되고 투자 이력은 80년 가까이 됩니다. 현재 20세인 젊은이는 기대수명이 100세 가까이 되니 충분히 버핏처럼 길게 투자할 수 있습니다. 그리고 자연스럽게 부자가 될 수 있습니다.

 **정말 100억을 모을 수 있을까요?**

20년 중 하루

 30대 초반의 젊은 직장인들을 만나면 좋은 차를 삽니다. 6~7천만 원이나 하는 차를 할부로 구입하는 것을 많이 보죠.
오전 09:51

음… 30대 초반이면 연봉도 낮겠지만 자산은 그에 비해 훨씬 낮을 텐데 좀 과하구만…
오전 09:52

 맞습니다. 하지만 우리나라에서 가장 중요하게 생각하는 자산인 집을 구입하지 못하니 그 대신 차를 산다고 합니다. 한심하게만 볼 일만도 아닌 것 같습니다. 10억짜리 집을 사려면 6억은 있어야 대출을 일으켜 집을 살 수 있는데 현실적으로 쉽지 않으니까요…
오전 09:52

버핏이 번 돈의 99%가 55세 이후라는 사실을 믿냐 못 믿냐의 차이일 수도…
오전 09:55

Q 그런데 우리나라 사람 대부분에게 자산 100억은 이론상의 숫자일 뿐이라는 생각이 듭니다. 과연 얼마나 많은 사람이 실제로 이룰 수 있을까요?

A 예전에 재미있게 본 이야기가 하나 있는데, 20살 정도 학생들에게 물어봤대. "건강한 삶을 위해서는 어떻게 살아야 하는가?"라고. 답변으로는 ❶ 소식을 해야 한다 ❷ 담배를 끊어야 한다 ❸ 술은 적절하게 관리해야 한다 ❹ 운동을 꾸준히 해야 한다 등이 있었대. 그런데 지금까지 이 뻔한 말들을 실천한 사람은 극소수였어. 대부분은 실행력에서 실패했다는 거야. 어려운 것은 실천이지.

2) 주가와 부동산 가격 상승 메커니즘

실천이 힘든 이유는 자산가격이 상승하는 메커니즘을 제대로 이해하지 못해서입니다. 먼저 삼성전자 주가 차트를 살펴보겠습니다.

[삼성전자의 주가 추이]

출처: 한국은행 경제통계시스템

다음은 조금 더 역사가 긴 맥도널드 주가 차트입니다.

[맥도널드의 주가 추이]

출처: Finance.yahoo.com

두 차트를 보면 초기에는 거의 변화가 없다가 후반부에 급격히 올라가는 모습을 보입니다. 하지만 삼성전자와 맥도널드의 차트를 '제대로' 그리면 다르게 보입니다.

[삼성전자의 주가 추이(로그)]

출처: 한국은행 경제통계시스템

[맥도널드의 주가 추이(로그)]

출처: Finance.yahoo.com

앞의 두 그래프는 주가를 산술적으로 표현했고, 뒤의 두 그래프는 로그를 이용해 그렸습니다. 일반적인 산술차트는 기간에 따른 '가격' 변화를 나타내지만, 로그차트는 기간에 따른 '성장률(%)'을 보여 줍니다.

왜 로그로 그린 그래프가 더 적절할까요?

어떤 기업의 1970년대 매출액이 1억이었다고 가정해 보죠. 매출이 매년 15%씩 상승한다면 1975년에는 2억, 1980년에는 4억이 됩니다. 그리고 50년 뒤인 2020년에 이 기업의 매출액은 1,000배가 상승한 1,024억이 됩니다.

[매출액 증가와 로그값 예시]

연도	1970	1975	1980	1985	1990	1995	2000	2005	2010	2015	2020
산술값	1	2	4	8	16	32	64	128	256	512	1024
로그값	0	0.69	1.39	2.08	2.77	3.47	4.16	4.85	5.55	6.24	6.93

그림으로 보겠습니다. 이 기업의 매출액을 산술차트로 그리면 다음과 같습니다.

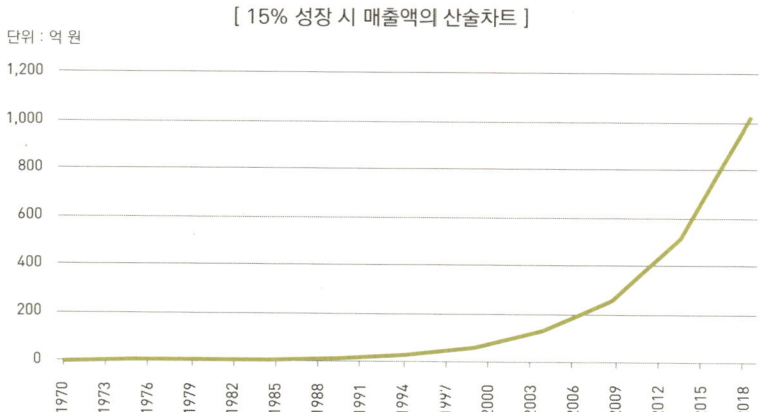

[15% 성장 시 매출액의 산술차트]

다음은 전년도와 비교한 성장률로 그린 로그 차트입니다.

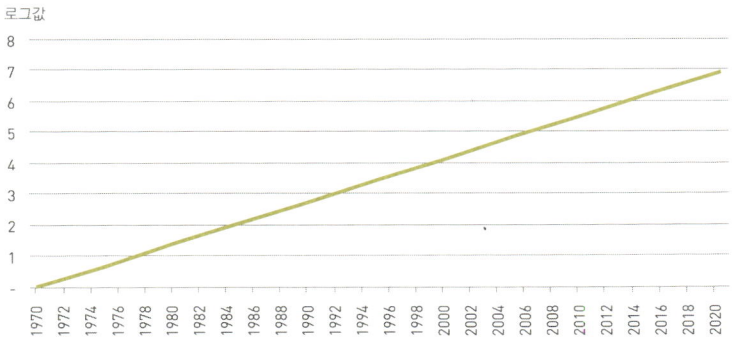

[15% 성장 시 매출액의 로그차트]

차이가 확연히 드러납니다. <u>자산가격은 복리로 상승하기 때문에 산술차트가 아닌 로그차트로 그려야 명확히 이해할 수 있습니다.</u> 현재 1주 가격이 300,000달러를 넘는 황금주인 버크셔 해서웨이는 1980년에 300달러도 되지 않았습니다.

[버크셔 해서웨이의 주가 추이(산술차트)]

출처: Finance.yahoo.com

[버크셔 해서웨이의 주가 추이(로그차트)]

출처: Finance.yahoo.com

산술차트로 보면 2010년 이후 급성장한 듯하지만, 실제 2010년 이후 주가 상승률은 과거에 비해 보잘것(?)없습니다.

3) 1억 모으기가 가장 힘들어요

투자 대가들이 한결같이 하는 말이 있습니다. 처음 1억을 모으는 일이 가장 힘들고 시간도 많이 걸린다고 합니다. 다음으로 어려운 일은 1억이 2억이 되고, 2억이 다시 4억이 되는 과정입니다. 대부분 이 지점에서 실패를 경험합니다. 이 지점을 제대로 통과하기가 힘듭니다. 여러 시행착오를 겪는 구간입니다.

하지만 시간이 지날수록 아는 것과 행하는 것이 일치하고, 시행착오도 줄어듭니다. 4억이 8억, 16억이 되는 단계는 보다 수월하게 돌파할 수 있습니다. 시간이 지나면 자연스럽게 돈이 복리로 증가하면서 자산이 쌓이는 경험을 하게 됩니다.

가장 어려운 일은 종잣돈을 모으는 일입니다. 그다음은 운이 아닌 실력으로 돈을 복리로 키워 내는 일입니다. "네 시작은 미약하지만, 나중은 창대하리라."라는 성경 말씀은 자산시장에도 적용 가능합니다.

돈이 한 푼도 없는 30대가 있습니다. 그에게 10년 동안 10억 모으기, 20년 동안 30억 모으기, 30년 동안 50억 모으기 중 어느 방법이 가장 쉬울까요?

[목표기간별 납입금] 단위: 년/원

기간 \ 금액	1,000,000,000	3,000,000,000	5,000,000,000
10	4,881,740원	14,645,221원	24,408,702원
20	1,316,883원	3,950,649원	6,584,416원
30	442,382원	1,327,147원	2,211,912원

10년에 10억을 벌기 위해서는 연수익률 10%를 기준으로 매월 480만 원을 투자해야 합니다. 20년에 30억은 다소 쉽습니다. 395만 원씩 투자해야 합니다. 30년에 50억은 220만 원으로도 가능합니다.

예전 메릴린치의 슬로건은 'Get Rich Slowly'였습니다. 당시 30대였던 저에게 이 슬로건은 희망이었습니다. 그리고 의심하지 않았습니다. 이 구호는 지금도 여전히 사실입니다. 빨리 부자가 되는 일은 어렵고 불확실하지만, 천천히 부자가 되는 일은 쉽고도 확실합니다.

2장
저금리에 고통받는 자산가에게
주저함 극복하기
+++

나이가 50에 이르니 새로운 세상이 펼쳐집니다. 제 또래 대부분은 노안이 왔습니다. 누구는 오십견의 고통을, 또 누구는 무릎이나 허리 통증을 호소하기도 합니다. 몸의 구석구석에 문제가 하나씩 생깁니다.

얼마 전 한 친구와 나눈 이야기는 조금 더 충격적입니다. 그는 친구들 사이에서 선망의 대상이었고, 걱정거리도 없었습니다. 대기업 임원으로 승승장구했고 연봉도 2억이 넘습니다. 하지만 안타깝게도 자의 반 타의 반으로 은퇴할 수밖에 없었고, 회사가 전부라고 여기던 그의 삶에 큰 변화가 생겼습니다.

친구는 꽤 많은 자산을 모았습니다. 20억 원 정도 됩니다. 하지만 여전히 불안한 눈빛이었습니다. 그동안 재테크라곤 주식 개별종목에 투자해 손실을 낸 경험이 전부였습니다. 현재 자산은 모두 안전한 정기예금 형태입니다. 그런데 20억 원을 비교적 고금리인 상호저축은행에 투자해도 이자가 겨우 5천만 원 나오니 과거 소비수준에는 턱없이 모자랍니다.

집을 줄이고, 자동차를 줄이고, 식비를 줄이는 것은 매우 힘든 일입니다. 모든 것을 내려놓고 산에 들어가 자연인으로 살 것이 아니라면 지금껏 그랬듯 와인도 마셔야 하고, 골프도 쳐야 하고, 축의금과 부의금도 과거 수준은 유지해 줘야 사회생활에 문제가 없습니다. 친구는 최소 1억원이 필요하다더군요.

연 1억 수준의 수익을 만들려면 포트폴리오 수익률을 2%로 가정할 때 50억 원의 자산이 필요합니다. 포트폴리오 수익률을 5%로 가정하면 20억 원이, 10%로 가정하면 10억 원이 필요합니다. 이렇듯 자산을 잘 관리할 수 있다면 10억 원이 필요하지만, 자산관리를 잘 해내지 못한다면 어마어마한 액수가 필요합니다.

[자산규모와 수익률에 따른 소득]

자산	수익률	소득
50억	2%	1억
20억	5%	1억
10억	10%	1억

친구는 제게 "나는 일해서 돈을 벌었는데, 너는 돈으로 돈을 버는 방법을 알고 있으니 정말 부럽다."라며 투자 노하우를 물었습니다.

1) 예금엔 답이 없다

1970년대에 태어난 저와 친구들은 소득으로 자산을 만들기 쉬웠던 시절을 살았습니다. 방법은 아주 간단했습니다. 가장 안전한 은행의 가장 쉬운 상품인 정기예금입니다.

72법칙으로 다시 설명하면 금리가 12%일 때 돈이 두 배가 되는 데는 6년이 걸립니다. 1억을 정기예금에 넣으면 6년 후에 2억, 12년 후에 4억, 18년 후에 8억, 24년 후에 16억을 받을 수 있었습니다. 하지만 요즘은 정기예금 금리를 아무리 높게 잡아도 3%가 안 됩니다. 1억이 2억이 되기까지 무려 24년이 걸립니다. 푼돈을 목돈으로 만드는 가장 안전한 방법이었던 정기예금이 무용지물이 되어 버렸습니다.

친구가 물었습니다. "예전처럼 금리가 두 자리면 얼마나 좋겠냐? 그래도 시간이 지나면 5% 수준까지는 다시 오르지 않을까?"

저는 금리가 두 자리로 돌아가는 일은 없을 것이라고 말했습니다. 한국에 다시 전쟁이 일어나거나, 삼성전자가 폭격을 맞아 사라지거나, 영화 맨 인 블랙(Man in Black)에 나오는 요원들이 나타나 인류의 지식을 1960년대로 돌리는 데 성공해야 가능한 일이라고 했습니다.

어쩌다 금리가 5% 수준으로 오른다면 물가 상승률이 높아서 그럴 것이기에 의미가 없다고 했습니다. 실질금리가 5% 수준으로 오르는 일은 다시 세계 경제가 분리되어 러시아가 소련이 되고 중국이 중공이 되어 돈이 안 돌아야 가능할 것이라고도 했습니다.

소득으로 자산을 만들기에는 성공했지만, 자산으로 소득을 만드는 부분에는 젬병인 제 친구들과 이전 세대들은 어떻게 해야 할까요?

    정기예금은 환금성 자산이지, 수익을 올릴 수 있는 자산이 아닙니다. 높은 수익이 가능한 새로운 투자 상품을 찾아야 합니다. 채권, 부동산, 주식 같은 상품이 필요합니다. 그리고 그 자산들의 위험을 관리할 방법을 모색할 때입니다.

 **예금 이자가 줄어들지만, 투자는 무서워요!**

20년 중 하루

👤2　　　

 스승님! 은퇴자들의 삶이 갈수록 어려워지는 것 같습니다.
　　　　　　　　　　　　　　오후 12:58

맞아~ 은퇴는 빨리하는데 수명은 길어지고 모아 놓은 돈은 없으니 힘들 수밖에…
오후 12:59

 돈이 있는 사람도 어렵긴 마찬가지인 것 같습니다. 은퇴자금으로 쓰시려고 3억 정도를 어렵게 모아 은행예금에 가입하신 고객이 계시는데 10% 이자를 받으면 생활비론 충분하겠다 싶어 모으셨답니다.
　　　　　　　　　　　　　　오후 01:00

10%? 대체 언제 이야기야? 안타깝군. 내가 신입사원이던 시절 이야기네. ㅠㅠ
오후 01:01

 맞습니다. 금리가 예전처럼 올라갈 일은 없을 것 같고 큰 문제라고 한숨을 쉬셨습니다…
　　　　　　　　　　　　　　오후 01:03

Q 예금이 수익성 자산이 아니라는 이야기는 이제 너무 당연한 말이 되었습니다. 그래서 투자를 반드시 해야 하지만 투자형 자산의 원금 손실 가능성이 실천을 어렵게 만듭니다. 문제는 '원금 손실 위험을 어떻게 관리할 것인가?'가 아닐까요?

A **저금리 시대에 반드시 이해해야 하는 것은 단순 수익률이 아닌 위험 대비 수익률을 높여야 한다는 사실이야.** 위험을 줄이는 것이 더 중요하다는 말이지!

2) 위험 대비 수익률이 진짜

절대 저금리 시대엔 고수익 상품에 투자해야만 합니다. 최소 10% 수익이 나야만 50억, 100억 정도의 자산 증식이 가능합니다. 여기서 다시 한번 10%라는 수익률을 자세히 분석해 보아야 합니다.

10가지 경우의 수가 있습니다. 첫 번째는 안정적으로 매해 10% 수익을 달성하는 경우입니다. 두 번째는 홀수 해에 20%, 짝수 해에 0%의 수익을 달성하는 경우입니다. 다음은 30%, -10%, 그리고 마지막 10번째는 100%, -80%의 수익을 달성하는 경우입니다. 어느 경우가 가장 수익이 높을까요? 1억 원 투자를 가정하고 2년이 지난 시점을 살펴보면 다음과 같습니다.

[연도별 수익률의 분포와 누적 수익률]

구분	홀수 해	짝수 해	2년 두 잔고	누적 수익률	연간 수익률
1	10%	10%	1.21	21.00%	10.00%
2	20%	0%	1.2	20.00%	9.50%
3	30%	-10%	1.17	17.00%	8.20%
4	40%	-20%	1.12	12.00%	5.80%
5	50%	-30%	1.05	5.00%	2.50%
6	60%	-40%	0.96	-4.00%	-2.00%
7	70%	-50%	0.85	-15.00%	-7.80%
8	80%	-60%	0.72	-28.00%	-15.10%
9	90%	-70%	0.57	-43.00%	-24.50%
10	100%	-80%	0.4	-60.00%	-36.80%

마지막 10번째를 보면 평균 수익률은 10%지만, 잔고는 60%가 감소합니다. 1억 원은 100%의 수익률로 1년 뒤에 2억으로 늘어났지만, 다음 해에 80% 손실을 기록하여 잔고는 0.4억이 됩니다. 원금 대비 60% 손실이며, 연간 수익률은 -36.8%입니다.

<u>한 해라도 수익률이 -15%를 넘으면 돈은 쌓이기 어렵다는 사실을 기억해야 합니다.</u> 버핏의 스승인 벤저민 그레이엄이 말한 반드시 지켜야 할 두 가지 원칙(①돈을 잃어서는 안 된다 ②첫 번째 원칙을 어겨서는 안 된다)이 의미하는 바도 이와 같습니다. 무작정 높은 수익률을 좇기보다 위험을 관리하며 안정적인 수익률을 추구해야 합니다.

위험 대비 수익률을 높이는 가장 쉬운 방법은 분산 투자입니다. 그런데 주식 종목을 5개 사면 분산 투자가 될까요?

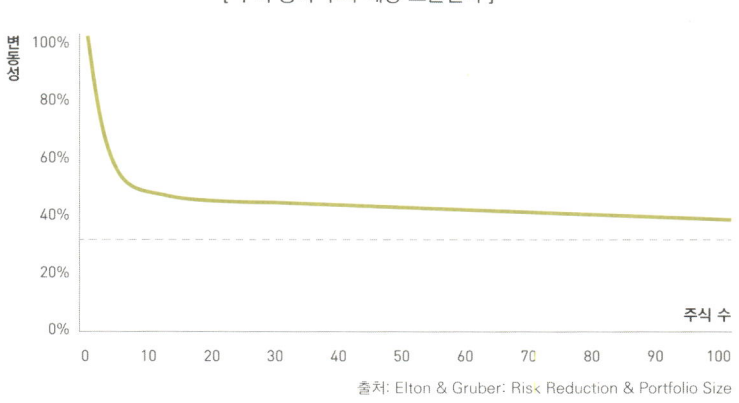

출처: Elton & Gruber: Risk Reduction & Portfolio Size

실증분석 결과 변동성이 심한 주식은 분산을 위해 30개 정도 종목이 필요합니다. 30개 종목으로 구성된 다우 30은 시장을 대표할 수 있지만, 다우 10으로는 시장을 대표할 수 없을 것입니다. ETF에 투자한다면 이미 분산된 포트폴리오(개별 ETF)로 다시 분산 투자를 하기 때문에 5~10개 정도로도 충분할 것입니다. 그리고 당연히 국내 시장보다는 글로벌 포트폴리오가 위험 대비 수익률을 올리기에 유리합니다.

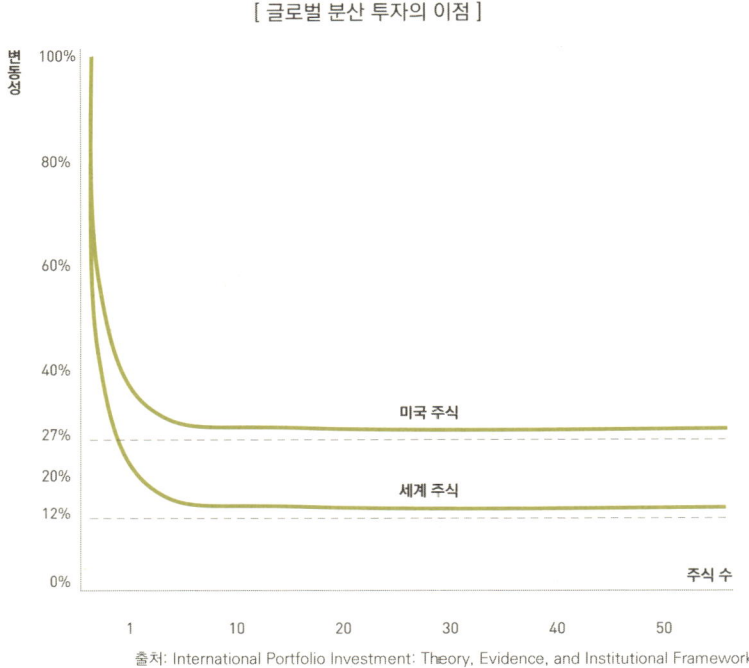

[글로벌 분산 투자의 이점]

출처: International Portfolio Investment: Theory, Evidence, and Institutional Framework

주식, 채권, 부동산, 외환, 원자재 등 자산별 분산 투자는 위험 대비 수익률을 올릴 수 있는 가장 좋은 방법입니다. 종합하면 관리 가능한 수준에서 5~10개 정도의 자산별 ETFs에 투자하는 방법이 가장 적절해 보입니다.

3) 손익계산서의 삶에서 재무상태표의 삶으로

친구는 불안해했습니다. 지금까지 삶은 하루하루를 열심히 사는 것이었고, 투자로 얻는 수익은 그저 요행이었습니다. 요행은 언제라도 손실로 바뀔 수 있는 무서운 것입니다.

저는 "너의 인생을 손익계산서의 삶에서 재무상태표의 삶으로 바꾸면 좋을 것이다."라고 조언했습니다.

[손익계산서의 삶]

손익계산서	재무상태표	
매출액	자산	부채
매입원가		
인건비		
영업이익		
특별손익		자본
당기순이익		

손익계산서 항목에서 투자는 특별손익에 자리 잡습니다. 가장 중요한 것은 영업이익을 올리는 일입니다. 열심히 일해 승진을 하고, 직급이 올라 연봉이 오르는 삶입니다. 더 열심히 살고 덜 쓰면 당기순이익이 늘어납니다. 그것이 자본을 키우고 다시 자산을 키웁니다. 손익계산서의 삶입니다. 많은 사람이 이와 같은 삶을 삽니다.

그런데 재무상태표의 삶은 다음과 같습니다.

[재무상태표의 삶]

재무상태표		손익계산서
자산	부채	1. 금융자산손익
		이자수익
		배당수익
	자본	환율손익
		2. 실물자산손익
		임대수익 및 비용

    자산은 영어로 애셋(Asset)인데 '구성하다'라는 뜻의 Set에서 나온 말입니다. 자산을 어떻게 세팅(setting)하는가에 따라 새로운 손익계산서가 만들어집니다. 금융자산과 실물자산을 구성하면 이자, 배당, 임대수입이 생깁니다. 또 환율이나 금융자산, 실물자산의 가치가 변하면서 손익이 바뀝니다. 재무상태표가 손익계산서를 바꿉니다. 재무상태표의 삶에서 가장 중요한 부분은 자산구성을 어떻게 할 것인가입니다.

    우리나라는 고도 성장기와 종신 고용의 시대를 지나, 100세 시대를 살고 있습니다. 몸이 일하는 시대를 지나, 뇌가 일해야 하는 시대를 살고 있습니다. 투자가 선택인 시대가 아니라 필수인 시대입니다. 그래서 이제 손익계산서의 삶을 재무상태표의 삶으로 변화시켜야 합니다.

 **포트폴리오를 구성하고 끝까지 가면 안 되나요?**

20년 중 하루

재무상태표의 삶이란 말은 이해가 됩니다. 그런데 실천 방법은 잘 모르겠습니다.
오후 08:40

손익계산서의 삶이 수익으로 자산을 만드는 구조라면…
재무상태표의 삶은 자산이 수익을 만드는 구조라는 거지.
오후 08:42

그 자산을 어떻게 구성하면 될까요? 1년, 5년, 10년 각각 답이 있나요?
오후 08:43

Q 투자를 반드시 해야 하고 수익보다 위험을 줄이는 것이 중요하니 분산 투자를 해야 한다는 것도 알겠습니다. 기존에 예금이 편했던 이유는 그저 넣어 두고 만기까지 기다리면 되기 때문입니다. 자산을 선택하고 ETF를 고르고 이를 사고파는 과정은 너무 어렵습니다. 자산 구성을 분산하고 ETF를 골라 만기까지 계속 버티게 만들 수는 없을까요?

A 음…. 안타깝게도 이젠 그럴 수 없을 것 같아. 갈수록 시장 정보는 많아지고 자산이나 상품도 다양해지고 있어. 시장 변동성도 더 커지고 있지. 잔잔한 호수에 작은 배를 띄우고 낚시를 하던 시절에서 파도가 심한 바다 위에서 중심을 잡고 물고기를 잡는 시절로 바뀐 듯해. 상황에 맞추어 자산을 갈아타야 해. 최소한 최악의 자산은 버릴 줄 알아야 하고, 최적의 자산은 찾을 수 있어야겠지.

옆의 그림을 봐. 자산배분은 최고의 결과를 만들진 못했지만 최악의 결과도 피할 수 있었지! 하지만 2008년은 채권 비중을 늘리고 주식 비중을 줄였으면 더 좋았겠지. 2010, 2011년에는 미국 부동산 비중을 늘리고 예금을 줄였어야 해. 2013, 2014

포트폴리오를 구성하고 끝까지 가면 안 되나요?

년은 미국 주식시장 비중을 키워야 했지. 2015년에는 아시아 채권 비중을 늘리고 주식 비중을 줄였어야 해. 지난 2019년에는 미국 부동산과 주식, 아시아 채권이 좋았어. 이렇게 자산을 갈아타는 방법이 4계절 투자법이야!

[자산군별 수익률]

2008	2009	2010	2011	2012	2013	2014	2015	2016	2017	2018	3Q'19	YTD'19
글로벌 채권 4.80%	이머징 아시아 제외 91.30%	아시아 채권 28.50%	미국 리츠 8.70%	아시아 (일본 제외) 22.70%	선진시장 주식 27.40%	미국 리츠 30.40%	아시아 채권 2.80%	이머징 아시아 제외 27.10%	아시아 (일본 제외) 37.30%	현금 1.80%	미국 리츠 7.70%	미국 리츠 26.80%
현금 1.80%	이머징 하이일드 72.50%	아시아 (일본 제외) 19.90%	이머징 채권 8.50%	글로벌 하이일드 18.90%	글로벌 하이일드 8.40%	아시아 채권 8.30%	미국 리츠 2.50%	글로벌 하이일드 14.00%	선진시장 주식 23.10%	아시아 채권 -0.80%	아시아 채권 1.90%	선진시장 주식 18.10%
아시아 채권 -9.80%	글로벌 하이일드 63.90%	이머징 아시아 제외 16.60%	글로벌 채권 5.60%	아시아 채권 18.50%	자산배분 5.60%	아시아 채권 5.50%	아시아 채권 1.20%	아시아 채권 10.20%	이머징 아시아 제외 20.30%	글로벌 채권 -1.20%	글로벌 채권 1.30%	이머징 채권 12.10%
이머징 채권 -10.90%	자산배분 40.80%	글로벌 하이일드 13.80%	아시아 채권 4.10%	미국 리츠 17.80%	아시아 (일본 제외) 3.30%	선진시장 주식 5.50%	현금 0.00%	미국 리츠 8.60%	자산배분 17.00%	글로벌 하이일드 -3.50%	글로벌 채권 0.70%	자산배분 11.40%
글로벌 하이일드 -27.90%	선진시장 주식 30.80%	자산배분 13.40%	글로벌 하이일드 2.60%	이머징 아시아 제외 17.00%	미국 리츠 2.50%	아시아 (일본 제외) 5.10%	선진시장 주식 -0.30%	선진시장 주식 8.20%	글로벌 하이일드 10.30%	미국 리츠 -4.60%	선진시장 주식 0.70%	아시아 채권 10.10%
자산배분 -28.10%	미국 리츠 28.60%	선진시장 주식 12.30%	현금 0.10%	선진시장 주식 16.50%	현금 0.00%	자산배분 4.60%	자산배분 -3.10%	자산배분 8.10%	이머징 채권 9.30%	이머징 채권 -4.60%	현금 0.50%	글로벌 하이일드 9.70%
미국 리츠 -38.00%	아시아 채권 28.30%	이머징 채권 12.00%	자산배분 -2.80%	자산배분 15.90%	아시아 채권 -1.40%	글로벌 채권 0.60%	아시아 채권 -3.20%	글로벌 채권 5.80%	아시아 채권 7.40%	자산배분 -5.90%	글로벌 하이일드 0.40%	이머징 아시아 제외 8.50%
선진시장 주식 -40.30%	이머징 채권 28.20%	아시아 채권 10.60%	선진시장 주식 -5.00%	아시아 채권 14.30%	글로벌 채권 -2.60%	글로벌 하이일드 0.20%	아시아 (일본 제외) -4.90%	아시아 채권 5.80%	이머징 아시아 제외 5.80%	자산배분 0.10%	아시아 (일본 제외) 8.00%	
아시아 (일본 제외) -52.20%	글로벌 채권 6.90%	글로벌 채권 5.50%	아시아 (일본 제외) -17.10%	글로벌 채권 4.30%	이머징 채권 -6.60%	현금 0.00%	아시아 (일본 제외) -6.90%	미국 리츠 2.10%	미국 리츠 5.10%	선진시장 주식 -8.20%	이머징 아시아 제외 -3.90%	글로벌 채권 6.30%
이머징 아시아 제외 -57.20%	현금 0.10%	현금 0.10%	이머징 아시아 제외 -21.20%	현금 0.10%	이머징 아시아 제외 -8.50%	이머징 아시아 제외 -20.20%	이머징 아시아 제외 -22.70%	현금 0.30%	현금 0.80%	아시아 (일본 제외) -13.70%	이머징 아시아 제외 -4.70%	현금 1.80%

출처: J.P Morgan

2부

계절에
어울리는 투자

1장. 자산시장에도 계절이 있는 이유
2장. 계절에 적합한 나무를 심어야 한다
3장. 경제 지표의 홍수에서 계절 감지하기

1장
자산시장에도 계절이 있는 이유
+++

1) 4계절 투자법이 만들어지기까지

　투자를 한문으로 쓰면 던질 투(投), 자본 자(資)입니다. 즉, 투자는 자금을 던지는 행위입니다. 투수는 스트라이크 존을 향해 던지고, 투자자는 수익을 향해 던집니다. 잘못된다면 투수는 볼넷으로 1루를 내주어야 하고, 투자자는 쓰라린 손실을 입습니다.

　'어떻게 하면 좋은 공을 던질 것인가? 어떤 자산을 언제 사면 수익을 낼 수 있을까?' 어린 시절 '잘 먹고 잘 살자'는 막연한 고민이었지만, 금융회사에서 직장생활을 시작하면서 투자에 관한 고민은 일상이 되었습니다.

　저의 투자 인생은 1996년 미국에서 시작되었습니다. 그곳에서 처음으로 트레이딩을 배웠습니다. 초심자의 행운 덕분인지 실제 투자에서 약간의 수익을 냈습니다. 돈을 버는 방법을 찾은 듯도 했습니다. 하지만 이익과 손실이 계속 교차하는 방법이라 적은 금액으로 돈을 벌어도, 큰 금액을 투자하기는 두려웠습니다. 백만 원을 투자하기는 쉽지만, 1억을 투자하기는 어려웠고 앞으로 10억, 100억도 투자할 수 있을지를 생각하니 불안했습니다.

1997년, IMF 외환위기로 큰 손실을 입은 선배들을 지켜보면서 투자가 공포로 다가오기도 했습니다. 당시 해답은 두 가지였는데 예금 같은 안전한 자산에만 투자(당시 일시적으로 금리가 20%를 넘었음)하거나 장중매매처럼 위험을 극히 줄이는 투자를 하는 것이었습니다.

저는 장중매매*로 위험을 줄이는 방법을 선택했고 큰 손실은 없었지만, 1년 만에 10배가 넘는 수익이 넘쳤던 1999년의 IT 버블*을 즐길 순 없었습니다. 친구나 선배 중 누가 대박을 쳤다는 이야기를 들으며 배 아파했지만, 실천할 마땅한 방법론을 찾지 못한 상태에서 혹시나 하는 생각으로 돈을 던질 수는 없었습니다. 종잣돈도 얼마 되지 않은 상황이라 변동성은 공포였습니다. 시간이 지나 상당수가 벌었던 수익을 날리는 모습을 보고 돈을 버는 것 못지않게 '돈을 지키는 능력'도 중요하다는 생각을 하기도 했습니다.

'스트라이크 존을 향해 돈을 던지는 방법이 무엇일까?' 돈을 키우는 능력과 지키는 능력, 과연 그게 무엇일까를 고민하며 많은 시간을 보냈습니다. 이미 투자는 했지만 실제 아는 것이 없다

---

* 장중매매
다음 날의 가격 급등락을 피하기 위해 자산(주식)시장이 열리는 동안에만 거래하는 행위로 큰 손실은 피할 수 있으나 큰 이익을 얻기도 어려움

* IT Bubble
1998년 6월 코스닥 지수는 630에서 2,900까지 올랐다. 같은 기간 새롬 기술은 주가가 100배 가까이 상승했다. 하지만 버블의 투기는 시간이 지나자 투매로 이어져 미국 나스닥은 -300%, 한국 코스닥은 -580%의 주가 하락을 경험함

는 생각이 들었습니다. '모래로 만든 성'으로는 안 되겠다는 생각이 들었습니다. 2000년부터 3년간 CFA* 프로그램을 공부하면서 투자 이론의 근거를 마련할 수 있었습니다.

당시 배운 내용을 현실에 적용하기 위해 2박 3일을 뜬눈으로 엑셀과 씨름하기도 했습니다. 벌건 눈으로 나타난 제게 아내는 걱정스러운 눈빛을 보였고, 저는 "돈독이 올라서 그래. 그래도 곧 답을 찾을 수 있을 것 같아!"라며 힘주어 이야기하기도 했습니다.

CFA 시험에 최종 합격했지만 여전히 부족했습니다. 이번엔 현실에서 성공한 투자자를 연구하기 시작했습니다. 워런 버핏(Warren Buffett), 피터 린치(Peter Lynch), 필립 피셔(Philip Fisher), 존 템플턴(John Templeton), 벤저민 그레이엄(Benjamin Graham), 제시 리버모어(Jesse Livermore), 존 네프(John Neff), 앙드레 코스톨라니(André Kostolany), 존 보글(John Bogle), 해리 덴트(Harry Dent), 마크 파버(Marc Faber), 우라가미 구니오(浦上 邦雄), 조지 소로스(George Soros), 짐 로저스(Jim Rogers) 등 성공한 투자자들의 책을 보면서 이론과 현실을 연결하려 했습니다.

책을 사는 데 매월 30만 원이 넘는 돈을 썼습니다. 읽고, 방법을 찾고, 다시 시장에 검증하는 일을 반복했습니다. 당시 시

---

* CFA(Chartered Financial Analyst)
우리말로는 공인재무분석사라고 한다. 미국 CFA Institute가 부여하는 자격이며 세계적으로 권위를 인정받고 있다. '월스트리트의 교장 선생님'이라 불리며 워런 버핏의 스승인 벤저민 그레이엄이 주창하여 만든 프로그램

대나 지역 상황에 따라 '그때는 맞았지만 지금은 틀리고, 미국은 맞지만 한국은 맞지 않는 경우'가 수없이 많았습니다. 생각보다 많은 시간이 걸렸습니다.

시간이 지나면서 미래 시장에 적합한지, 내 성격에 맞는지를 고려하면서 하나둘 지워 나갔습니다. 우리나라의 전체 상장 기업 수에 해당하는 티커*2,000개를 외우고 휴일도 없이 일에만 매진하는 피터 린치의 투자는 너무 힘들 것 같아 과감히 버렸습니다. 한 종목에 30년을 투자하는 필립 피셔의 투자는 변동성이 큰 미래에 적합하지 않은 방식이라 생각해서 제외했습니다. 극단적인 역발상 투자를 하는 존 템플턴도 저의 스타일이 되기는 어려웠습니다. 마크 파버나 해리 덴트 같은 미래학자의 방식도 보완하는 역할일 뿐 주된 투자 방법이 되기는 어려웠습니다. 제시 리버모어의 전설은 재미있는 이야기지만, 지금은 쓸 수 없는 과거지사가 되었습니다. 조지 소로스나 짐 로저스의 삶 또한 폼 나고 멋지지만, 수익 변동성이 너무 심해 그들의 배포를 따라 하기는 어려웠습니다.

투자를 본격적으로 공부하기 시작한 2000년 이후 무려 10여 년의 시행착오를 겪었습니다. 그리고 답이 없을 것 같은 투자 세상에서 제 나름의 방법을 찾을 수 있었습니다. <u>CFA 프로그램에서 배운 이론과 성공한 투자자에게서 배운 현</u>

---

* Ticker
개별증권을 간단히 표시할 때 사용하는 약자. 한국이나 중국 등은 숫자로 표기(예: 삼성전자는 005930)하고, 미국이나 유럽 등은 기호로 표기함(예: 애플은 AAPL)

<u>실을 결합하니 공통분모가 있었고, 이론과 현실이 만나 분석의 틀이 마련되었습니다.</u>

그것이 바로 '4계절 투자법'입니다. 투자의 성패는 언제 무엇을 사고팔지의 판단에 달렸습니다. 타이밍을 잡고 종목을 찾는 일이 성패를 결정합니다. 4계절 투자법은 이해가 어렵지 않고 실천도 쉽습니다. 하지만 ETF라는 상품이 나오지 않았다면 여전히 실천이 쉽지는 않았을 것입니다.

2) ETF, 투자가 쉬워졌다

그사이 세상은 투자하기에 더욱더 편리해졌습니다. 존 보글의 인덱스(Index)* 투자는 ETF로 확장되었습니다. ETF는 개별이 아닌 전체에 투자하기 때문에 변동성을 줄일 수 있는 상품입니다. 그리고 채권, 부동산, 주식, 원자재, 외환에 모두 투자가 가능한 상품입니다.

채권시장에서 단기, 중기, 장기로 구분해 투자할 수 있고, 주식도 전체 시장뿐만 아니라 규모, 스타일, 업종별로 투자가 가능합니다. 또 ETF는 인덱스 펀드와 달리 유동성이 있어 사고팔기도 쉽습니다. 전 세계 주식시장에 투자도 가능합니다.

---

* INDEX FUND
특정 자산의 수익률과 유사한 수익률을 달성할 수 있도록 포트폴리오를 구성하고 운용하는 기법. 개별 종목의 위험을 피하면서 전체 포트폴리오의 수익을 취할 수 있는 방법

이에 더해 벤저민 그레이엄의 밸류에이션(Valuation)* 방식을 사용하면 글로벌 시장과 글로벌 업종의 고평가, 저평가 여부도 판단할 수 있습니다.

[ETF의 종류]

자산	주식 업종	채권
채권(Bond) 부동산(Real Estate) 주식(Equity) 원자재(Commodity) 외환(Currency)	임의소비재(Consumer Discretionary) 필수소비재(Consumer Staples) 에너지(Energy) 금융(Financials) 헬스케어(HealthCare) 산업재(Industrials) 소재(Materials) 기술(Technology) 통신(Telecom) 유틸리티(Utilities)	단기(Short-Term) 중기(Intermediate-Term) 장기(Long-Term)

출처: www.etfdb.com

<u>'시장 분석틀'과 '투자 가능한 ETF'가 만나 완성된 것이 바로 '4계절 투자법'입니다.</u>

투자에도 4가지 계절이 있습니다. 봄, 여름, 가을, 겨울마다 제철 과일이 있듯 투자에도 계절에 따라 적합한 자산과 적절한 전략이 있습니다. 현재가 봄이라면 봄옷을 입고 여름옷을 미리

---

* 벤저민 그레이엄(Benjamin Graham)
증권분석의 창시자로 가치투자 이론을 만든 인물. PER, PBR 등의 개념을 최초로 제시하여 가격이 가치에 비해 고평가되었는지 저평가되었는지를 최초로 설명한 월가의 교장 선생님

구입할 수 있듯이, 투자도 현재에 적합한 자산, 다음 시기에 적합한 자산에 투자하면 수익을 올리면서 위험을 줄일 수 있습니다.

각 계절 상황과 그에 맞는 자산은 다음과 같습니다. 자세한 설명은 뒤에서 다루도록 하겠습니다.

[투자 계절별 경제 상황, 정부 정책, 주요 리포트와 투자]

	상황	정부 정책	주요 Report	자산군
겨울	저성장 지속 고물가 → 저물가 고금리 → 저금리	통화정책: 금리 인하 재정정책: 확장	물가지수 하락 설비투자 하락 도소매업지수 하락	채권
봄	저성장 → 고성장 저물가 지속 저금리 지속	통화정책: 저금리 지속 재정정책: 축소	FRB 경기 상승 발표 OECD 경기선행지수 상승 ECOS 경기선행지수 상승	부동산 주식
여름	고성장 지속 저물가 → 고물가 저금리 → 고금리	통화정책: 금리 인상 재정정책: 긴축	물가지수 상승 설비투자 상승 도소매업지수 상승	주식
가을	고성장 → 저성장 높은 물가 수준 고금리 지속	통화정책: 고금리 지속 재정정책: 긴축 폭 축소	FRB 경기 하강 발표 OECD 경기선행지수 하락 ECOS 경기선행지수 하락	예금 원자재

 **코스톨라니의 달걀과 4계절 투자법의 차이는?**

20년 중 하루

👤 똑똑!
오전 11:56

ㅎㅎ 휴일 잘 보내고 있어?
오전 11:57

넵, 근데 궁금한 게 있어서요.
오전 11:57

코스톨라니 달걀 모형에 관한 건데요…
오전 11:57

Q 투자에 봄, 여름, 가을, 겨울이 존재한다는 이론은 코스톨라니 달걀 모형에서 들어 본 적이 있습니다. 금리 수준에 따라 투자해야 할 자산이 달라진다는 이론이었는데요. 예를 들어 금리가 높을 때엔 원자재와 채권에, 금리가 낮을 때엔 부동산과 주식에 투자하라는 것이었습니다. 4계절 투자법은 코스톨라니의 달걀과 무엇이 다른가요?

A 4계절 투자법을 만드는 데 우라가미 구니오의 『주식시장 흐름 읽는 법』과 앙드레 코스톨라니의 달걀 모형은 결정적인 도움이 되었지. 아주 간단해 보이는 방식이지만, 결론은 꽤 그럴듯했고 대충 적용해 보면 맞는 경우가 많았어. 그런데 코스톨라니는 1906년생으로 100년 전 사람이야. 우라가미 역시 1931년생으로, 『주식시장 흐름 읽는 법』은 1999년에 나온 책이지. 그들이 현대 금융이론을 알고서 적용했다고 보기는 어려워. 다만 많은 관찰을 통해 흐름을 찾아낸 것으로 보여. 근거는 없지만 그럴듯했다는 얘기지.

Q 그럴듯했다는 건 무슨 뜻입니까?

A 코스톨라니의 달걀은 금리와 투자자(현명한 투자자와 군중)로

구분하여 방법을 이야기해. 지나간 일을 끼워 맞출 수는 있지만 미래를 예측하기는 어려웠고, 매수는 했지만 매도 타이밍을 찾기는 어려웠지. 코스톨라니 모델은 이해는 쉽지만, 정작 실천은 어려운 모델이었어.

Q 우라가미 구니오는 어떤가요?

A 우라가미 구니오의 금융장세, 실적장세, 역금융장세, 역실적장세 또한 그럴듯하긴 했어. 하지만 실적이 하락하는 가운데 주가가 상승하는 현상을 '이미 시장은 미래를 알고 있다'는 애매한 말로 설명하여 이론적 근거가 없었어.

Q 이론적 근거도 있고, 실천도 가능하려면 더 정교한 무언가가 있어야 한다는 말이군요.

A 맞아! 흔들리지 않을 튼튼한 투자 이론이 필요했어. 그래야 규모를 키우는 실천도 가능하지.

Q 실천 가능한 투자 이론요?

코스톨라니의 달걀과 4계절 투자법의 차이는?

▲ CFA 프로그램에서 배운 내용과 외국 금융기관이 사용하는 방법을 모자이크한 결과, 난 그들의 투자법이 바로 4계절 투자라는 결론에 도달했지. 나중에 안 사실인데 세계에서 가장 존경받는 투자가 1, 2위인 워런 버핏과 빌 그로스(Bill Gross)가 사용하는 방법 역시 4계절 투자였어. **코스톨라니의 달걀이나 우라가미 구니오의 모델이 경험에 의한 예술이라면, 4계절 투자법은 이론을 가미한 과학이라고 볼 수 있지. 예술은 아무나 따라 할 수 없지만, 과학은 노력하면 따라 할 수 있잖아.**

3) 경기 순환이 만드는 4계절

4계절 투자법의 핵심은 바로 지금이 어떤 계절인가를 판단하는 데 있습니다. 계절만 구분할 수 있다면 투자는 쉬워집니다. 근거를 알아보겠습니다.

4계절 투자법은 경제학, 경영학, 금융학, 투자학 책에 공통으로 나오는 부분에서 시작합니다. 바로 '경기는 순환한다'는 사실입니다. 경기 순환은 크게는 2가지, 작게는 4가지로 구분합니다. 바로 확장 기간인 회복기, 호황기와 수축 기간인 후퇴기, 침체기입니다. 이를 계절에 비유하면 매서운 추위인 침체의 겨울, 기적처럼 다가오는 회복의 봄, 무더운 호황의 여름, 어느 날 찾아오는 후퇴의 가을이라고 할 수 있습니다.

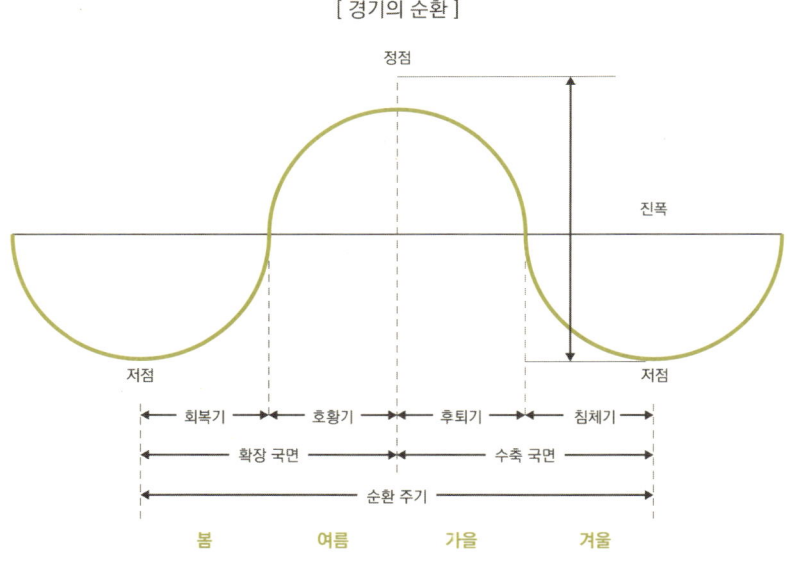

출처: 한국은행

그런데 말로는 쉽고 직관적으로 이해도 되지만, 실제로 구분하기가 쉽지 않다는 점이 문제입니다. 자연이 만드는 계절이야 3~5월이 봄이고, 6~8월은 여름, 9~11월은 가을, 12~2월은 겨울인데, 인간이 만드는 경기는 구별이 쉽지 않습니다. 특히 동일하게 따뜻해지는 봄과 여름, 차가워지는 가을과 겨울을 판단하기가 어렵습니다. 경기가 좋고 나쁜지는 상대적으로 판단하기 쉽지만, 지금이 회복기인지 호황기인지를 파악하기는 어렵습니다.

그렇다면 어떻게 구별해야 할까요? 뒤에서 금융모델로도 설명하겠지만, 먼저 직관적인 스토리로 알아보겠습니다. 다시 익숙한 코스톨라니 모델을 불러 보겠습니다. 그는 자산 사이클을 알기 위해 금리를 중심에 두었으며 시장을 금리 하락기와 금리 상승기로 구분했습니다.

[코스톨라니의 달걀 모형]

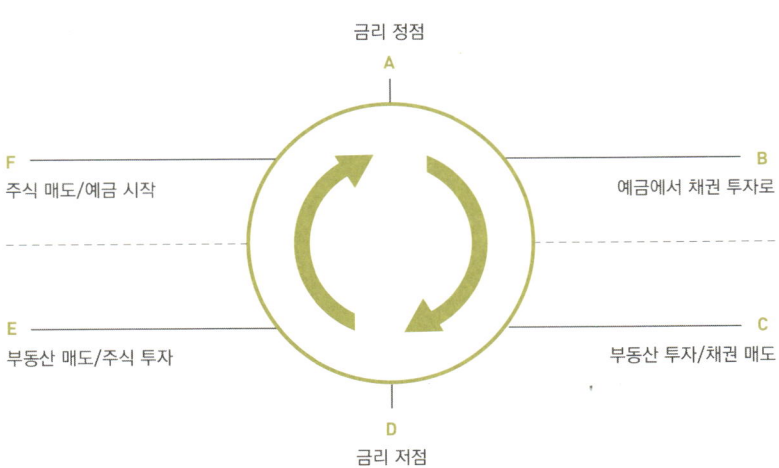

2가지 상황에서 자산을 4번 갈아타야 합니다. 실천이 어려운 이유입니다. 4가지 상황으로 구별할 수 있는 방법은 간단합니다. '명목금리=경제 성장률+물가 상승률'입니다. 금리가 오르고 내리는 근본 이유는 무엇일까요? 금리를 구성하는 요소, 즉 물가와 경기가 변하기 때문입니다.

명목금리(금리)=경제 성장률(경기)+물가 상승률(물가)

경기와 물가를 각각 두 가지로 나누어 고성장 고물가, 고성장 저물가, 저성장 고물가, 저성장 저물가의 경우로 구분할 수 있습니다. 이 4가지 경우가 바로 투자의 4계절입니다. 경기는 상승 국면이지만 물가가 낮다면 경기 순환상 회복기에 해당합니다. 경기와 물가가 동반 상승한다면 호황기입니다.

[경기와 물가 판단에 따른 투자의 4계절]

	경기 판단	물가 판단	경기 순환	자산군
봄	상승	저물가	회복기	부동산 주식
여름	상승	고물가	호황기	주식
가을	하락	고물가	후퇴기	예금 원자재
겨울	하락	저물가	침체기	채권

이렇게 구분하면 이론적으로도 완벽하고 실천도 쉬워집니다.

 **경기 침체가 계속될까요?**

20년 중 하루

스승님! 오후 07:34

쉬시는데 죄송합니다. 오후 07:34

경기 침체가 계속될까요? 오후 07:35

인도에 계신 분에게 연락이 왔어요… 한국에 돌아와야 하는지 말아야 하는지 고민 중이시라고요… 한국 경기가 좋아지기 힘들 것 같다고 하시더군요. 오후 07:35

답이 늦었구만…
오후 08:14

경기는 순환해. 그러니, 영원한 호황도 영원한 불황도 존재하지 않지!
오후 08:15

Q 사람들은 우리나라 경제도 글로벌 경제도 어려운 시기를 보내고 있다고 이야기합니다. 유럽과 일본에서는 은행에 예금을 하면 오히려 보관료를 내야 하는 마이너스 금리 상태입니다. 전 세계 경제가 침체기인 것 같은데요. 앞으로 이 상태가 얼마나 오랫동안 이어질까요?

A 좋은 질문이야. 경기는 파도처럼 순환하지. 파도를 먼 파도와 가까운 파도로 나누듯이 경기 요인도 장기 요인과 단기 요인으로 나누어 보자. 장기 요인을 구조적 요인, 단기 요인을 순환 요인이라고 하지. 일단 지난 50년간 글로벌 경제는 좋아졌어, 나빠졌어?

Q 좋아졌지요. 특히 우리나라 경제 성장은 엄청났지요.

A 그렇지. 엄청 좋아졌지. 글로벌 자산의 대표인 미국을 보자. 미국 경제는 놀라운 성장을 보였어.
장기적으로 보면 미국 경제는 지속적으로 성장했고, GDP를 만들어 내는 기업 가치가 증가하면서 주가지수도 상승했어. 즉, 장기적으로 자산가격은 우상향하게 되지.
문제는 단기적으로 보면 다르다는 점이야.

경기 침체가 계속될까요? Talk

미국 부동산은 2006년부터 2012년까지 크게 하락했고 이후로는 상승 중이야. 나스닥도 2000년, 2008년에는 급락했고 2016년 이후에 상승세로 돌아섰지.

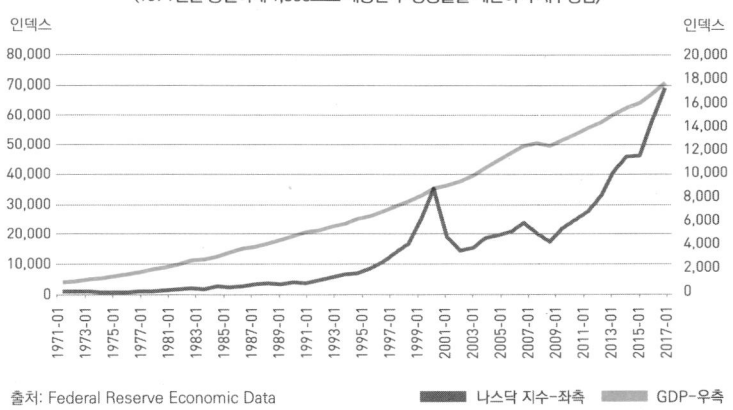

2부 ㅣ 계절에 어울리는 투자

자산가격은 장기적으로는 우상향하지만, 단기적으로는 등락을 거듭하지. 결국 자산가격은 다음과 같은 그래프로 생각하면 돼!

[장기 트렌드와 단기 사이클이 만났을 때 자산가격 변화 모형]

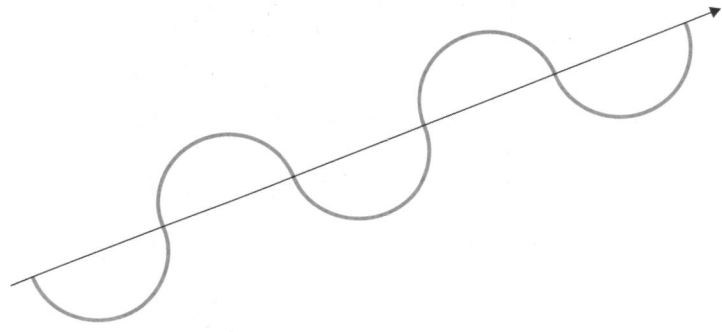

큰 파도가 올라가는 가운데 작은 파도가 그 사이를 오가는 모습이야. **경기 순환은 자산가격을 장기적으로는 우상향으로, 단기적으로는 위아래의 파도로 만들어 내지.**
우상향인 장기 파동의 위아래로 단기 파동이 오르내리는 모양새라고 기억하면 도움이 될 거야.

Q 장기 전망을 해 보면 어떻게 판단할 수 있을까요?

A 경기를 이야기하다 보면 장기 전당을 물어보는 사람들이 많지. 큰 파도를 만드는 요인과 작은 파도를 만드는 요인은 달라. 자본

경기 침체가 계속될까요?

주의 경제는 경제활동의 결과로 변동이 생기고, 이 변동이 되풀이되며 경기가 순환하지. 이런 경기 순환의 원인을 장기, 중기, 단기로 구분하고, 이를 발견한 경제학자의 이름을 따서 장기 콘트라티에프 파동, 중기 주글라 파동, 단기 키친 파동이라 불러. 이 중 장기와 단기는 기억해야 해!

[파동의 종류]

기간	주기	파동	요인
장기	50~60년	콘트라티에프 파동	기술혁신, 전쟁 등
단기	2~6년	키친 파동	재고순환, 물가 및 금리변동, 통화정책

지난 50년간 세계 경제 고성장의 배경에는 글로벌 분업*과 자유무역, 인구 증가, 기술 발전이라는 요인이 있었어. 하지만 현재는 인구 증가율의 하락과 보호무역의 대두로 과거의 경기 확장 요인이 사라진 상황이지. 대신 그 자리를 모두 차지한 기술 발전이 국가 간, 업종 간의 차별화를 유발하고 있어. 결과적으로 투자와 수출 위주의 이머징 국가(한국, 중국 등)에 비해 내수와 정부 정책 위주의 선진국(미국, 일본, 독일 등)이 상대적으로 유

* 글로벌 분업
애플의 아이폰을 예로 들면 R&D는 미국에서, 부품 조달은 유럽, 일본, 한국 등에서, 생산은 중국에서 이뤄지며, 전 세계를 대상으로 판매한다

> **Talk** 경기 침체가 계속될까요?

리해. 그리고 IT기술 발전으로 업종 간 차별화도 지속될 전망이지. 우리나라에서도 다른 종목은 다 떨어지는데 삼성전자와 네이버만 올라가는 현상이 업종 간 차별화의 대표 사례지.

장기 구조적 요인으로 현 상황을 분석하면 국가 단위로는 선진국 상승, 이머징 국가 하락, 전체는 소폭 상승이라고 할 수 있지. 업종 단위로는 ICT 또는 S/W 등 새로운 기술 관련 업종은 상승, 그 외 전통적인 업종은 하락, 전체는 소폭 상승이라고 판단할 수 있어.

그런데 장기 요인을 기준으로 투자하는 행위는 적합하지 않아. 기간이 너무 길기 때문이지. **단기 요인에 해당하는 순환 요인을 중심으로 판단하되 장기 요인인 구조적 요인으로 비중을 조절하는 방법이 오히려 도움이 될 수 있다**고 생각해.

예를 들어 2008년 글로벌 금융위기 당시에 장기적으로는 미국을 팔고 중국을 사야 한다는 분위기가 팽배했어. 하지만 단기 사이클을 보면 미국 경기가 중국보다 더 좋았어. 2011년 유럽 역시 금방이라도 붕괴될 것처럼 느껴졌지만 단기 사이클은 2012년 말부터 상승세로 돌아섰지. 장기 분석보다 단기 분석이 마음도 몸도 훨씬 편안해.

4) 미국/한국의 경기 순환 주기와 투자 시사점

단기 사이클을 핵심으로 할 때 또 하나 유념해야 할 점이 있습니다. 자연의 계절과 달리 경기 순환은 주기와 진폭이 일정하지 않습니다. 자연 계절은 진폭은 달라도 주기는 거의 일정합니다. 2018년처럼 유난히 더운 여름도 있기는 하지만, 그럼에도 불구하고 9월, 10월이 되면 날씨는 서늘해지기 시작합니다.

경기의 진폭 부분입니다. 1999년, 2009년은 경기가 가파르게 확장했지만, 2013년 이후 글로벌 경기 확장은 매우 완만했습니다. 경제학자들은 경기 진폭을 급속한 성장인 V형, 완만한 성장인 U형, 지속적 침체인 L형으로 구분하기도 합니다. 2013년 이후의 경기 확장은 완만한 Nike형, Banana형으로 경기는 좋아졌지만 체감하기 어려운 매우 완만한 성장이었습니다.

[글로벌 경기 확장 국면 비교]

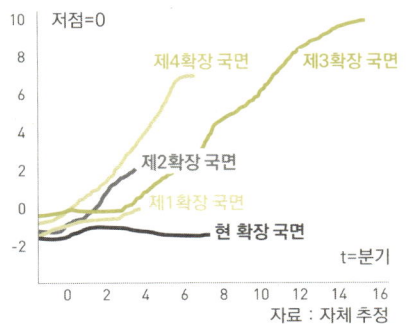

	저점	고점	상승 속도1)
제1확장 국면	1996. 1/4	1997. 4/4	0.19
제2확장 국면	1999. 1/4	2000. 2/4	0.75
제3확장 국면	2003. 2/4	2008. 1/4	0.44
제4확장 국면	2009. 2/4	2011. 4/4	0.7
현 확장 국면	2013. 1/4	~	0.06 2)

출처: 한국은행, 글로벌 경기 확장 국면별 성장동인 비교

주: 1) (고점-저점) / 소요 기간
2) 고점을 2015. 2/4 분기로 간주
자료: 자체 추정

경기의 주기는 조금 더 복잡합니다. 국가마다 주기가 다르기 때문에 특별히 주의해야 합니다. 대표적으로 우리나라와 미국을 비교하면 다음과 같습니다.

[우리나라의 기준 순환일과 국면 지속 기간]

	기준 순환일			지속 기간		
	저점(T)	정점(P)	저점(T)	확장	수축	전순환
제1순환기	1972.3월	1974.2월	1975.6월	23개월	16개월	39개월
제2순환기	1975.6월	1979.2월	1980.9월	44개월	19개월	63개월
제3순환기	1980.9월	1984.2월	1985.9월	41개월	19개월	60개월
제4순환기	1985.9월	1988.1월	1989.7월	28개월	18개월	46개월
제5순환기	1989.7월	1992.1월	1993.1월	30개월	12개월	42개월
제6순환기	1993.1월	1996.3월	1998.8월	38개월	29개월	67개월
제7순환기	1998.8월	2000.8월	2001.7월	24개월	11개월	35개월
제8순환기	2001.7월	2002.12월	2005.4월	17개월	28개월	45개월
제9순환기	2005.4월	2008.1월	2009.2월	33개월	13개월	46개월
제10순환기	2009.2월	2011.8월	2013.3월	30개월	19개월	49개월
제11순환기	2013.3월	-	-	-	-	-
평균	-	-	-	31개월	18개월	49개월

출처: 통계청

[미국의 기준 순환일과 국면 지속 기간]

	기준 순환일			지속 기간		
	저점(T)	정점(P)	저점(T)	확장	수축	전순환
제1순환기	1938.6월	1945.2월	1945.10월	80개월	8개월	88개월
제2순환기	1945.10월	1948.11월	1949.10월	37개월	11개월	48개월
제3순환기	1949.10월	1953.7월	1954.5월	45개월	10개월	55개월
제4순환기	1954.5월	1957.8월	1958.4월	39개월	8개월	47개월

제5순환기	1958.4월	1960.4월	1961.2월	24개월	10개월	34개월
제6순환기	1961.2월	1969.12월	1970.11월	106개월	11개월	117개월
제7순환기	1970.11월	1973.11월	1975.3월	36개월	16개월	52개월
제8순환기	1975.3월	1980.1월	1980.7월	58개월	6개월	64개월
제9순환기	1980.7월	1981.7월	1982.11월	12개월	16개월	28개월
제10순환기	1982.11월	1990.7월	1991.3월	92개월	8개월	100개월
제11순환기	1991.3월	2001.3월	2001.11월	120개월	8개월	128개월
제12순환기	2001.11월	2007.12월	2009.6월	73개월	18개월	91개월
평균	-	-	-	60개월	11개월	71개월

출처: Federal Reserve Economic Data

두 나라의 경기 순환 주기를 보면 다음과 같습니다.
- 미국의 전체 경기 순환 주기가 한국보다 깁니다.
- 한국에 비해 미국의 경기 확장 기간이 더 길고 침체 기간은 더 짧습니다.

20년 전 미국에 갔을 때 한 교포에게 재밌는 이야기를 들었습니다. "한국은 재미있는 지옥이고, 미국은 재미없는 천국이다." 경제 성장이 완만하지만 안정적인 미국과 폭발적이지만 변동성이 큰 한국을 가장 잘 표현한 문장이라는 생각이 들었습니다.

경제와 금융을 공부하고 다시 두 나라의 경기 지표를 놓고 분석해 봤습니다.(변동성이 큰 지표지만, 우선 평균만 보고 이야기하겠습니다.)

미국은 경기 확장 60개월, 경기 후퇴 11개월, 총주기 71개월입니다.

    한국은 경기 확장 31개월, 경기 후퇴 18개월, 총주기 49개월입니다.

    미국이 우리보다 확장이 길고, 후퇴가 짧고, 전체적으로도 긴 사이클입니다. 미국이 6보 전진에 1보 후퇴라면, 우리는 3보 전진에 2보 후퇴입니다. <u>미국이 장기 투자에 적합한 나라라면 한국은 단기 매매가 적합한 나라입니다. 미국이 매수가 중요하다면 한국은 매수도 매도도 중요합니다. 미국은 포트폴리오를 교체하지 않는 것이 낫고, 한국은 포트폴리오를 갈아타는 것이 더 나은 결과를 가져옵니다.</u>

 **예측해서 미리 투자하면 수익률을 더 높일 수 있지 않을까요?**

20년 중 하루

👤 2

> 증권방송을 보다 궁금한 부분이 생겼습니다. 미국은 최장기 호황이라고 하고, 한국은 불황이 계속 이어진다는데…..변곡점은 예측할 수 없을까요?
> 오후 06:30

> 현재까지는 일정한 주기는 없다고 판단하고 있어. 다만, 근거가 되는 자료들은 나타나고 있지.
> 오후 06:32

> 그런데, 경제 지표보다 주가가 더 빨리 움직이지 않나요? 좋아지는 것을 확인하면 이미 주가는 올라 있고요? 그러니, 예측이 중요하지 않나요?
> 오후 06:33

> 시장은 전망의 영역이 아니라 대응의 영역이 오히려 맞는 것 같은데…
> 오후 06:35

2부 | 계절에 어울리는 투자

Q 경기가 순환한다면 예측도 가능하지 않을까요? 예측해서 미리 투자하면 수익률도 더 높일 수 있을 텐데요.

A 일반인과 전문가를 가르는 중요한 포인트인 것 같아. 증권방송을 보면 가끔 이런 말들이 나와. "다음 주가 변곡점이 될 것입니다." "길게 1달~1년 정도 보고 투자하시는 것을 추천합니다." 변곡점은 어떻게 판단할까? 날씨는 예측 가능하지. 즉, 2월이 되면 봄을 준비하고, 5월이 되면 여름을 준비하는 식이지. 그런데 경기는 주기와 진폭이 일정하지 않아. 그래서 막연히 '경기가 앞으로 좋아질 것이다'라고 예측하기보다는 경기가 상승 전환하는 지점을 파악해야 해. 미래를 예측하는 것보다 현재를 정확히 진단하는 것이 중요하다는 뜻이야. 생각보다 겨울이 길어질 수도, 여름이 짧아질 수도 있는데 '곧 봄일 것이다', '가을은 한참 남았다' 하고 판단하는 것은 무모해.

차분하게 계절 변화를 확인하고, 그에 따라 자산을 바꾸는 것이 위험을 줄이고 수익을 늘리기에 더 나은 방법이지. **전망하지 말고 대응하는 것. 미래가 아니라 현재에 집중하는 것. 이게 바로 전문가의 방법**이야. 같은 이유로 미국 중앙은행인 FRB도 미래 경기 전망보다는 현재 경기 진단에 중점을 두지.

예측해서 미리 투자하면 수익률을 더 높일 수 있지 않을까요?

Q 섣불리 예측하지 말고 현재 경기를 정확히 진단한 후에 투자 시기를 결정해야 한다는 말씀이군요!

A 마음 편한 투자는 백 보 앞서는 것이 아니라 한 보 혹은 반보 앞서가는 것이야.

2장
계절에 적합한 나무를 심어야 한다
+++

1) 세계 최대 자산운용사가 찾은 경기 국면별 주식 업종

4계절 투자법을 자산시장에 적용하기는 쉽지만, 제가 가장 찾고 싶었던 것은 '주식 업종'에 적용하는 방법이었습니다. 주식은 다른 어떤 자산보다도 수익률이 높지만 변동성 역시 높아 투자하기가 어렵습니다.

'경기에 따라 적합한 자산이 있다면, 적합한 주식 업종도 있지 않을까?' CFA 교재는 경기 민감주와 둔감주, 가치주와 성장주 정도로만 구별했지만, 더 나은 방법이 있을 것이라 생각했습니다. 분명히 답이 있으리라는 믿음으로 몇 달을 검색에 매달렸습니다. 구글 학술검색으로 수없이 많은 논문을 뒤졌지만 답을 찾긴 어려웠습니다. 한참의 시간이 지나 드디어 경기 순환에 따라 적합한 주식 업종을 찾을 수 있었습니다.

현재 세계 최대 자산운용사인 블랙록은 액티브(Active)* 와 패시브(Passive)* 를 모두 운용합니다. 하지만 불과 수십 년 전

---

* Active Fund 시장 수익률을 초과하는 수익을 얻기 위해 펀드매니저들이 적극적인 운용 전략을 펴는 펀드를 말한다.

* Passive Fund 코스피 200 등 주요 지수의 등락에 따라 기계적으로 편입된 종목을 사고파는 투자 방식. 시장 평균 수익률을 목표로 한다. 상장지수펀드(ETF), 인덱스펀드 등이 대표적이다.

만 해도 액티브 운용이 패시브 운용을 능가하던 시대였고, 당시 세계 최대 자산운용사는 피터 린치가 마젤란 펀드를 운용했던 피델리티(Fidelity)였습니다. 만일 저와 같은 고민을 했다면 가장 열심히 리서치를 한 회사는 피델리티일 것이라 생각했고, 다행히 예상은 맞아떨어졌습니다. 처음 발견하던 순간, 기쁜 마음을 주체할 수 없어서 며칠을 계속 콧노래를 흥얼거리게 만든 리포트입니다. 한글로 번역하면 다음과 같습니다.

[미국 주식시장 업종별 수익률 분석] (1963-2010)

	업종별 수익률										총수익
회복기	금융	임의소비재	IT	산업재	에너지	소재	필수소비재	헬스케어	유틸리티	텔레콤	거래소
중간	11.5%	11.5%	6.8%	4.1%	-12.3%	3.9%	4.9%	-1.0%	-17.3%	-20.6%	36.3%
평균	7.4%	13.3%	2.7%	7.3%	-11.1%	1.4%	2.2%	-1.2%	-13.6%	-22.6%	31.8%
빈도	86%	86%	57%	86%	14%	71%	71%	43%	14%	0%	14%
호황기	금융	임의소비재	IT	산업재	에너지	소재	필수소비재	헬스케어	유틸리티	텔레콤	거래소
중간	-2.9%	1.2%	6.9%	2.7%	3.4%	6.5%	-0.2%	4.8%	-6.7%	-2.4%	11.3%
평균	-2.1%	0.2%	4.5%	3.9%	6.6%	4.8%	-0.6%	2.2%	-5.7%	-3.3%	11.4%
빈도	43.0%	57%	57%	71%	71%	71%	43.0%	57%	14.0%	29.0%	
후퇴기	금융	임의소비재	IT	산업재	에너지	소재	필수소비재	헬스케어	유틸리티	텔레콤	거래소
중간	3.8%	-4.0%	-1.4%	1.8%	11.6%	9.9%	8.5%	2.1%	-2.5%	-3.8%	36.3%
평균	-0.1%	-2.8%	-2.7%	1.7%	7.2%	10.6%	8.1%	6.8%	0.2%	-4.5%	31.8%
빈도	57%	29.0%	43.0%	71%	71%	86%	71%	71%	43.0%	29.0%	
침체기	금융	임의소비재	IT	산업재	에너지	소재	필수소비재	헬스케어	유틸리티	텔레콤	거래소
중간	-1.5%	-2.8%	-3.1%	-3.0%	-5.0%	6.5%	5.9%	4.0%	4.5%	5.1%	36.3%
평균	-2.5%	-1.8%	-3.7%	-3.4%	0.3%	4.2%	5.7%	4.8%	3.1%	4.6%	31.8%
빈도	29.0%	29.0%	29.0%	0.0%	43.0%	57%	100%	71%	71%	57%	

출처: 피델리티 2010, A Tactical Handbook of Sector Rotations

피델리티는 경기를 회복기, 호황기, 후퇴기, 침체기로 나누고 그에 맞는 업종을 제시했습니다. 경기의 봄에 해당하는 회복기에 상대적으로 수익률이 좋았던 업종으로 금융, 임의소비재, IT, 산업재를 꼽았습니다. 여름인 호황기에는 IT, 산업재, 에너지, 소재 업종을, 가을인 후퇴기에는 에너지, 소재, 필수소비재, 헬스케어 업종을, 겨울인 침체기에는 필수소비재, 헬스케어, 유틸리티, 텔레콤 업종을 제시했습니다. 무려 47년간 주식시장을 테스트한 결과입니다.

　　이 자료를 직관적 이해와 연결시켜 보았습니다. 우선 겨울에는 경기에 둔감하다 못해 아예 경기를 타지 않는 업종이 좋을 것입니다. 전기, 가스, 수도 같은 유틸리티 업종은 경기를 타지 않습니다. 경기가 나쁘다고 전기나 가스를 끊을 수는 없기 때문입니다. 또한 통신에 해당하는 텔레콤도 대표적인 경기 둔감 업종입니다. 스마트폰이 이미 문화가 된 시대, 아이는 자아 개념이 생기는 순간 폰을 가지려 합니다. 아무리 가난해도 폰이 없는 삶은 관계 단절을 의미합니다. 현재 경기에 가장 둔감한 업종은 유틸리티와 텔레콤입니다.

　　겨울이 지나고 봄이 옵니다. 경기는 이미 나쁘고, 물가가 하락하니 정부는 금리를 인하하여 경기를 활성화하려 합니다. 단기금리가 하락하면 은행은 수신금리를 대출금리보다 더 하락시킬 수 있기 때문에 수익이 커집니다. 낮은 금리에 지친 고객이 주식 비중을 늘리기도 하고, 고수익의 높은 수수료 상품을 사면서 증권사 수익도 커집니다. 그래서 봄의 대표 업종은 금융업입니다. 또 추운 겨울을 지나 경기가 회복기인 봄에 접어들었지만, 서민들의 지갑은 여전히 닫혀 있습니다. 하지만 낮은 물가는 부자 고객들의 마음을 열 수 있습니다. 그래서 경기 회복기에는 임의소비재와 IT업종도 상대적으로 강세를 보입니다.

임의소비재와 필수소비재를 간단하게 예를 들어 설명해 보겠습니다. 자동차, IT제품, 럭셔리 등 고객의 선호(want)에 따라 구매되는 제품이 임의소비재입니다. 반면 의식주에 해당하는 제품으로 생활에 반드시 필요한 것(need)은 필수소비재입니다.

시간이 흘러 드디어 경기가 좋아진다는 느낌이 들면 기업들은 생산을 늘리고 재고를 쌓기 시작합니다. 물류와 운송업이 좋아지고 제조업체에 전선, 자재 등을 공급하는 인프라 기업도 수익이 늘어나기 시작합니다. 에너지, 철강, 비철금속, 화학, 종이와 목재 등 전 산업에 걸쳐 매출과 영업이익이 증가합니다. 살아난 경기로 고용이 자연스럽게 늘고, 임금 노동자의 수입도 좋아지기 시작합니다. 학생은 직업을 가지게 되고, 직장인은 승진을 합니다. 늘어난 수입으로 옷을 사고 외식과 쇼핑을 하는 등 소비가 활발해지면서 필수소비재 기업이 살아납니다. 의류업, 음식료 생산업, 가정용품 생산회사가 이에 해당합니다.

피델리티의 분석 결과는 저의 상식적인 판단과 거의 맞아떨어지는 느낌이었습니다. 이 자료는 2010년이 마지막입니다. 이후로는 어떤 변화가 있었을까요? 추가로 2014년과 2017년 자료를 찾았는데 큰 변화는 없습니다.

[경기 국면별 주식 업종 분석]

업종 국면	금융	임의 소비재	IT	산업재	소재	필수 소비재	헬스 케어	에너지	텔레콤	유틸 리티
회복기	+	++	+	++		−	−	−−	−−	−−
호황기			+	+	−−					−
후퇴기		−−	−−		++	+	++	++		+
침체기	−		−−	−−	−	++	++		++	++

출처: 피델리티 2014

[경기 국면별 주식 업종 분석]

업종 국면	금융	임의 소비재	IT	산업재	소재	필수 소비재	헬스 케어	에너지	텔레콤	유틸 리티
회복기	+	+	+	+		−	−	−		−
호황기			+	+	−					−
후퇴기		−	−		+	+	+	+		+
침체기	−		−	−	−	+	+		+	+

출처: 피델리티 2017

저는 위의 세 자료를 ETF에 적용하기 쉽도록 더 단순화시켜 보았습니다.

[계절별 주식 전략과 업종]

	상승(UP)	하락(DOWN)
겨울	유틸리티/텔레콤	산업재, 에너지, 소재
봄	금융주, 임의소비재, IT	필수소비재/헬스케어
여름	산업재, 에너지, 소재	유틸리티/텔레콤
가을	필수소비재/헬스케어	금융주, 임의소비재, IT

 **경기가 나빠지면 주식을 팔아야 하지 않나요?**

20년 중 하루

 또, 내용을 복기하다 궁금한 게 생겼습니다.
오전 11:51

 경기가 상승하면 주식, 하락하면 채권이 좋은데 왜 경기 하강기에도 주식을 사는 건가요? 경기가 나쁘면 주식은 다 파는 게 정답 아닌가요?
오전 11:52

경기가 좋으면 경기 민감주가, 나쁠 때는 둔감주가 좋잖아.
오전 11:52

 그래도, 상식적으로 이해가 안 갑니다.
오전 11:53

Q 경기가 나빠지면 주식을 팔아야 하지 않나요?

A 자료를 자세히 보면 봄과 여름에는 주식시장이 좋았고 가을에는 소폭 하락, 그리고 겨울에는 큰 하락이 있었지. 그래서 질문처럼 주식 매도가 나쁜 의사결정은 아니야. 그런데 만일 주가가 현저히 낮다면 어떻게 해야 좋을까? 버핏은 2008년에 미국 주가가 너무 저평가되었다는 판단을 하고 주식을 사기도 했어.

Q 밸류에이션을 감안하면 결과가 달라질 수는 있겠네요.

A 그렇지. 또 이런 전략도 있을 수 있어. 요즘엔 인버스 ETF처럼 주가 하락기에 수익을 낼 수 있는 상품도 있어. 인버스 ETF를 매수해 전체 주식의 매도 포지션을 유지하면서, 유틸리티 ETF나 텔레콤 ETF를 사는 방식을 취할 수도 있지. 좀 어려운 방법이지만 업종과 시장을 구분할 수도 있어.

Q 자연에는 '우수와 경칩이 지나면 얼었던 대동강이 풀린다'는 말처럼 봄을 예언하는 신호가 있습니다. 겨울은 채권이, 여름은 주식이 좋은데 계절 변화의 신호를 주식시장에서 찾을 수 없을까요?

경기가 나빠지면 주식을 팔아야 하지 않나요?

▲ 투자 수익률에 가장 큰 영향을 미치는 것은 주식과 채권의 비중이야. 수많은 논문이 이를 증명했지. 그러려면 봄과 가을을 찾아야 해. 여름과 겨울은 사실 쉽지. 내가 사용하는 방법은 금융업 지수야. 봄의 업종이 금융업이라고 했잖아. 은행주나 증권주 등 금융업 주가가 올랐다는 기사가 보인다면 봄이 온다는 신호야. 반대로 하락이 시작되면 가을이 온다고 봐야겠지.

[대한민국 금융업 지수]

출처: 한국거래소

우리나라 금융업 지수는 2016년 말부터 상승했고, 2018년 초부터 하락했어. 금융업이 크게 오르면 주식 비중을 늘리고, 크게 하락한다면 채권 비중을 늘리는 거지. 어떤 자산을 살지 결정할 때 꽤 좋은 지표야. 우수와 경칩에 해당하는 신호라고 봐도 좋아.

경기가 나빠지면 주식을 팔아야 하지 않나요?

Q 좋은 방법이네요. 경기 회복기면 금융이나 IT기업 주식을 사야 한다고 하셨습니다. IT기업인 아마존이나 구글은 실제로 많이 올랐습니다. 그런데 금융주 중에서 제이피모건(JP Morgan)은 올랐지만, 웰스파고(Wells Fargo)는 그러지 못했습니다. 도이치은행도 그랬고요. 어찌 생각하시는지요?

A 그렇기 때문에 ETF가 나은 수단이라는 거야. 주식은 개별 종목의 영향력이 아주 큰 자산이지. 채권금리는 평균적으로 비슷하게 오르고 내리지만, 주식은 모두 내릴 때 혼자 오르는 종목이 있는가 하면, 모두 오를 때 하한가를 기록하는 종목도 있어. 그래서 금융 ETF나 IT ETF를 거래하는 방법이 효과적이야. 만일 ETF로 샀다면 애플이나 아마존 주식보다는 수익이 낮겠지만, 웰스파고나 도이치은행 주식보다는 수익이 좋았을 거야.

2) 최고 연봉 펀드매니저의 채권 투자법

주식은 재밌기는 한데 어렵습니다. 이번에는 개념 이해는 어렵지만, 투자 실천은 쉬운 채권입니다.

사람 이야기로 출발해 보겠습니다. 월가에서 가장 연봉이 높았던 펀드매니저가 누군지 아시나요? 빌 그로스입니다. 월가의 채권왕으로 불리던 그는 2019년, 48년간의 매니저 인생을 마무리하고 은퇴했습니다. 그는 세계 최대의 채권형펀드를 운용했는데 거의 반백 년 동안 절대적인 권위를 가질 수 있었던 이유는 안정적이고 높은 수익률 때문입니다. 그가 운용한 Total Return Fund는 다음과 같은 규칙을 따릅니다.

❶ 경기와 물가를 분석하고 FRB*의 금리정책을 예상하여 장단기 포트폴리오를 구성한다.
❷ 대부분 채권펀드가 이자 수입에 집중하는 데 반해, 채권 매매를 통해 자본차익을 추구한다.
❸ 외환 거래로 환차익도 올린다.

이런 이유로 그의 펀드는 자본차익, 이자수익, 환차익 모두를 목표로 하는 말 그대로 Total Return Fund입니다. 빌 그로스가 채권을 사고파는 방법도 알고 보니 결국 4계절 투자였습니다. 저는 여기에 회사채를 포함하여 다음과 같이 정리했습니다.

---

* FRB(Federal Reserve Board of Governors)
미국 중앙은행이다. FRB 의장은 **세계 경제 대통령**이라 불릴 정도로 금융 정책 분야에서 전 세계적으로 강력한 영향력을 갖고 있다.

4계절 투자법을 채권에 적용하면 겨울에는 장기채권*, 봄에는 우량채권*, 여름에는 하이일드채권*, 가을에는 단기채권*을 통해 수익을 올릴 수 있습니다.

[계절별 채권 전략과 상품]

	상승(UP)	하락(DOWN)
겨울	장기채	하이일드
봄	우량채	단기채
여름	하이일드	장기채
가을	단기채	우량채

주식이 여름에 최고의 자산이라면 채권은 겨울에 최고의 자산입니다. 사람들이 모두 힘들어하는 시기에 오히려 수익이 나는 자산입니다. 겨울은 어떤 계절인가요? 혹독한 추위가 지속되어 경기는 침체되고 물가도 하락합니다. 금리는 어떻게 될까요? 당연히 크게 내려갑니다. 그럼 어떤 채권을 사야 할까요? 금리가 하락하면 채권 가격이 상승합니다. 이때 가장 높은 수익을 얻을 수 있는 장기채권을 사야 합니다.

앞서 설명했듯 주식은 업종으로 구분해 투자한다면, 채권은

---

* **장기채권** 만기가 10년 이상인 채권
* **우량채** 신용도가 우수한 기업이 발행한 채권
* **하이일드채권** 고수익·고위험 채권, 즉 신용 등급이 낮은 회사가 발행한 채권. 원리금 상환의 불이행 위험이 높은 만큼 이자율도 높다
* **단기채권** 상환 기간이 1~2년 이하인 채권

만기로 구분해 투자합니다. 금리가 하락할 때 어떤 채권을 사야 하는지 그림으로 설명해 보겠습니다. 시소가 있습니다. 왼쪽에는 금리가, 오른쪽에는 채권들이 있습니다. 가장 앞에 단기채권, 그다음에 중기채권, 그리고 맨 마지막에 장기채권이 있습니다. 시소가 내려가면, 즉 금리가 내려가면 가장 크게 상승하는 것은 장기채권입니다.

채권은 만기에 따라 다른 수익을 냅니다. 금리가 1% 하락할 때 장기채권은 9~22%의 높은 수익을 냅니다. 채권은 겨울을 사랑하는 자산입니다.

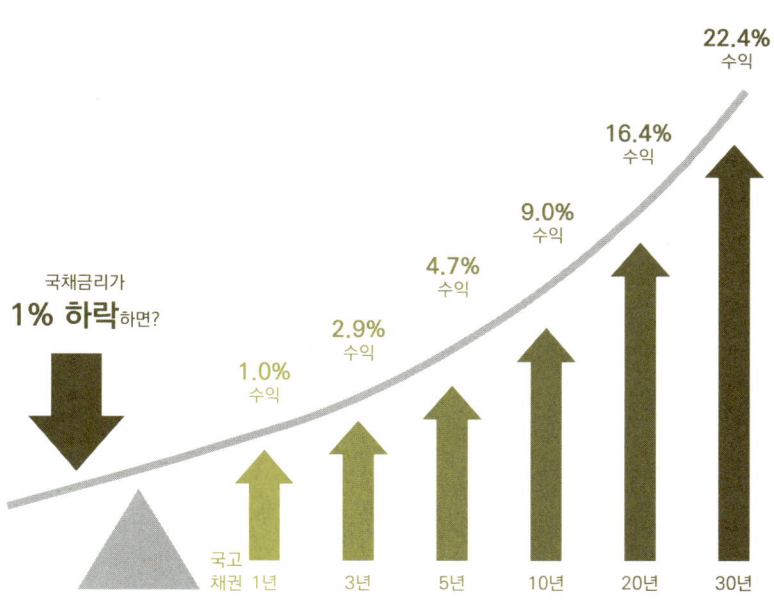

[금리 하락에 따른 채권 가격의 변동]

다음은 봄과 여름이 이어집니다. 가을과 겨울이 채권의 계절이라면 봄과 여름은 주식의 계절이라고 했습니다. 그래서 봄과 여름에는 국채보다 회사채가 적합합니다. 간단한 수식을 기억하면 이해에 도움이 됩니다.

> 회사채=국고채+부도 위험=경기+물가+부도 위험

봄에는 대부분의 사람들이 회복된 경기를 느끼지 못합니다. 이런 시기에 적합한 자산은 우량기업이 발행하는 채권입니다. 겨울에는 우량기업도 부도 위험이 증가하지만, 경기가 회복기로 접어들면 우량한 대기업들의 부도 위험이 하락하기 때문입니다. 금리가 다소 올라도 부도 위험 하락 효과가 더 크게 작용해 우량채 가격은 상승합니다. 봄은 우량채의 계절입니다.

시간이 지나 경기 활황이 시작되면 대기업은 물론 중소기업도 살아납니다. 이런 상황에서는 하이일드 기업의 부도 위험이 급속도로 하락합니다. 물가와 경기 상승으로 모든 국채금리가 오르는 상황에서 하이일드채권 금리는 오히려 떨어집니다. 여름은 하이일드채권의 계절입니다.

이후 경기와 물가가 모두 고점으로 치달으면 정부는 정책금리를 올리기 시작합니다. 천천히 경기는 하락을 시작하고 채권 가격도 내려갑니다. 이때 최고의 자산은 예금이나 CMA 같은 단기채권입니다. 이렇게 채권도 4계절에 따라 변화합니다.

 트럼프의 트위터에 대응하는 법

20년 중 하루

 스승님! 질문이 있습니다.
오후 05:27

응
오후 05:28

 트럼프의 트위터가 하루의 주가를 결정하는데, 이런 뉴스 분석 없이 시장을 읽는 것이 가능한가에 대한 질문입니다.
오후 05:29

ㅎㅎ 나 또한 자주 듣는 이야기야.
오후 05:30

Q 사람들이 요즘은 Trump의 트위터를 투자 의사결정에 가장 중요한 변수라고 이야기합니다. 주식이나 채권시장을 보면 아주 틀린 말도 아닌 듯합니다. 트럼프의 한마디에 시장이 출렁이니까요. 4계절 투자법은 간단하고 상식적인데 앞으로도 유효할까요?

A 옛날 사람들은 어두운 밤에 길을 찾을 때 북극성을 기준으로 삼았지. 투자에도 그런 기준이 필요해. 경제 지표를 중심으로 볼 수도 있지만, 자산시장을 중심으로 볼 수도 있어. 자산시장을 중심으로 보면 기준이 될 만한 자산은 바로 채권이야. 채권은 아주 효율적인 시장이라 가격에 정보가 모두 반영되어 있기 때문이지. 채권 가격만 보고도 자산시장의 움직임을 파악할 수 있다는 말이야! 그래서 채권은 IQ 3,000짜리 자산이라고도 이야기하지.

예를 들어 여름 최고의 자산은 당연히 주식이지. 그런데 채권 상품으로만 보면 여름 최고의 채권은 하이일드라고 했잖아. 이게 무슨 의미일까? 하이일드채권 가격이 상승하는 시점에는 주식이 가장 좋은 상황일 거야.

두 가지 경우를 가정해 보자.

트럼프의 트위터에 대응하는 법 `Talk`

[경기 상황에 따른 채권금리의 변동]

	국채	비우량 회사채	하이일드 스프레드 (회사채-국채)	부도 위험	경기 판단
호황기	2%	4%	2%	하락	경기 상승
불황기	1%	6%	5%	상승	경기 하락

호황기에는 금융회사가 기업의 부도 위험을 낮게 평가해. 그러니까 하이일드 스프레드가 하락하지. 중소기업 같은 비우량기업도 낮은 금리에 자금을 조달할 수 있어. 반면에 경기가 나빠지면 다들 안전한 국채만 사고 비우량기업은 외면하지. 결국 하이일드 스프레드가 커질 수밖에 없어.

Q 하이일드채권 가격이 오른다는 것은 기업의 부도 위험이 하락한다는 뜻이니 경기가 좋은 상황이고 당연히 주식도 좋다는 말이네요. 사례가 있나요?

A 처음 질문한 트럼프의 트위터와 같은 경우를 반영해 보자. 2017년 8월 즈음에 트럼프와 김정은의 설전이 대단했지. 당시 언론은 '북한이 괌에 미사일을 발사할 수도 있다. 그래서 미국이 북한을 선제공격할지도 모른다'고 이야기했어. 우린 이미 답을 알고 있지. 전쟁은 일어나지 않았고, 당시 주가 하락은 오

히려 저점 매수 찬스였던 셈이지. 당시에 이를 알 수 있던 방법이 뭐였을까?

이런 예기치 않은 사건, 기존 프레임으로 설명하기 힘든 일이 있을 때 가장 좋은 방법은 채권시장 지표를 보는 거야. 연평해전, 천안함 사건, 후쿠시마 원전 폭발, 브렉시트, 트럼프 당선 등 그런 일은 자주 있었지. 그때마다 주가는 크게 하락했어. 우리가 투자를 하고 있었다면 팔아야 했을까? 아니면 사야 했을까? 답은 여전히 채권에 있어. 다섯 번의 사건에서 하이일드채권 가격은 하락한 적이 없어. 그리고 1주일 후에 주식시장은 평온을 찾았지.

트럼프와 김정은의 설전 당시에도 똑같은 일이 일어났어. 하이일드채권은 변화가 없었고, 그때 나는 홈페이지 등에 글을 써서 주장했지. 전쟁은 없다고. 내가 예측 근거로 사용한 지표는 하이일드 스프레드였어.

Q 그렇군요! 미국의 경우도 채권의 움직임으로 예측이 가능한가요?

A 채권 지표로 미국 경기도 알아볼까? 하이일드채권 금리와 국채 금리의 차이를 하이일드 스프레드라고 불러. 하이일드 스프레

트럼프의 트위터에 대응하는 법 Talk

드의 증가는 하이일드채권 금리의 상승, 즉 하이일드채권 가격의 하락을 뜻하지. 아래 차트를 살펴보자.

[미국 하이일드 스프레드]

출처: Federal Reserve Economic Data

2016년 2월을 기점으로 2018년 9월까지 하이일드 스프레드가 하락하고 있어. 다른 말로 하이일드채권의 엄청난 강세장이지. 당시 주가는 어떻게 되었을까? 주가와 하이일드 스프레드를 동일한 화면에 표현하면 다음과 같아.

> **Talk** 트럼프의 트위터에 대응하는 법

[미국 하이일드 스프레드와 다우존스 지수]

출처: Federal Reserve Economic Data

아주 재밌는 그림이지. 데칼코마니처럼 하이일드 스프레드가 하락하면 주가가 오르고, 하이일드 스프레드가 상승하니 주가가 빠지잖아. 2019년 1월에 하이일드 스프레드가 급격하게 하락하고 주가가 급상승하는 모습을 보면 채권시장은 타이밍을 잡는 최고의 기준이라는 사실을 알 수 있지.

트럼프의 트위터나 예기치 않은 천재지변이 발생하면, 걱정하지 말고 채권을 봐. 채권은 미래를 전망하는 최고의 타로 카드야.

3) 4계절 투자법을 알면 대출도 쉬워진다

우리나라 최고 기업은 삼성전자입니다. 삼성전자는 부채가 없을까요? 삼성전자의 총자산 350조 중에 부채는 100조, 순자산은 250조 수준입니다. 투자 대가인 워런 버핏은 어떨까요? 그가 운영하는 버크셔 해서웨이(Berkshire Hathaway)는 세계 최고의 투자 회사입니다. 재밌는 사실은 그가 항상 부채비율을 100% 수준으로 유지한다는 점입니다.

[버크셔 해서웨이 주요 재무정보]

단위: 10만 USD

재무정보\연도	2014	2015	2016	2017	2018
자 산	6,230,042	6,538,723	7,350,911	8,312,805	8,380,281
자 본	2,843,613	3,025,712	3,350,732	4,123,825	4,128,644
부 채	3,386,429	3,513,011	4,000,179	4,188,980	4,251,637
부채비율	119%	116%	119%	102%	103%

출처: 와이즈에프앤

2015년에 순자산이 300조, 전체 자산이 650조입니다. 그런데 2018년에 순자산이 400조로 늘어나자 전체 자산도 840조까지 확장합니다. 최고의 투자를 위해 위험하지 않은 수준에서 부채를 활용하는 모습입니다. 이런 부채는 좋은 부채라고 표현하기도 합니다. 자본주의 시스템에서는 부채를 적절하게 활용할 줄도 알아야 합니다.

그럼 각 계절에 따라 어떻게 부채를 활용하면 좋을까요? 먼저 겨울입니다. 겨울에는 경기와 물가가 하락해서 금리가 떨어집니다. 이때 어떻게 돈을 빌려야 합리적일까요? 고정금리보다는 변동금리가 좋습니다. 겨울이 시작되었으니 봄이 오기 전까지 물가는 하락할 것입니다. 지속적인 금리 하락이 예상되므로 장기 변동금리가 최고의 방법입니다. 봄이 오면 조금씩 금리가 오를 것이니 단기 변동금리가 더 나은 의사결정이라 할 수 있습니다.

정부가 금리를 인상하기 시작하면 변동금리를 고정금리로 바꾸는 것이 좋습니다. 여름에서 가을까지는 고정금리가 좋습니다. 다만 여름은 장기 고정금리, 가을은 단기 고정금리를 선택하면 조금 더 나은 의사결정이 될 것입니다. 금리가 상승하는 전체 기간을 따지면 여름이 가을보다 길기 때문입니다.

돈은 많이 버는 것만큼이나 적게 쓰는 것도 중요합니다. 대출에도 4계절 투자법을 활용해 보세요.

[계절별 대출 전략]

	상승(UP)	하락(DOWN)
겨울	장기 변동	장기 고정
봄	단기 변동	단기 고정
여름	장기 고정	장기 변동
가을	단기 고정	단기 변동

 **환율이나 금(Gold) 가격도 전망할 수 있나요?**

20년 중 하루

 스승님! 요즘 달러자산에 투자하는 상품이 봇물처럼 쏟아져 나오고 있습니다.
오후 04:20

달러 종신보험이나 달러 연금보험도 나오고 있습니다.
오후 04:20

외환과 원자재는 예측이 어려운 시장이지,
저성장의 대표적인 상품이 달러이긴 하지만 이 상품들이 오래 투자할 만한 상품은 아닌 것 같은데…
오후 04:23

 4계절 투자법으로 외환과 원자재 투자도 가능할까요?
오후 04:25

TALK TOGETHER

Q 경기가 좋지 않다는 뉴스가 나오면 금이나 달러를 매수하려는 사람이 많아집니다. 불안한 마음에 매수를 하지만 수익을 냈다는 말은 들어 본 적이 없습니다. 매수와 매도 타이밍이 맞지 않아서입니다. 4계절 투자법을 알면 환율이나 금(Gold) 가격도 전망할 수 있을까요?

A 일단 모멘텀만 이야기해 보자. 환율은 크게 선진국과 이머징 국가로 나눌 수 있겠지. 직관적으로 판단해 보자. 겨울은 채권의 계절이야. 안전자산이 각광을 받는 시기지. 그럼 최고의 외환은 뭘까? IMF 위기, 서브프라임 위기 당시에도 사람들은 안전자산을 선호했어. 그래서 미국 달러나 일본 엔화가 강세를 보였지. 그래서 겨울의 자산은 선진국 외환이야. 그리고 봄, 여름이 오면 우량채, 하이일드로 옮겨 가듯 한국 원화, 중국 위안화, 베트남 동화의 순서로 움직인다고 생각해. 물론 환율은 다른 요인도 많아서 이렇게만 생각하면 곤란하지만, 일단 안전한 통화에서 위험한 통화로 움직이는 경향은 분명히 존재해.

원자재도 비슷해. 겨울에 최고는 금, 은, 백금 같은 귀금속(Precious Metal)이야. 봄과 여름 사이에는 산업재가 각광을 받으면서 구리, 아연, 철강 등 금속(Metal)과 석유 같은 에너지(Energy)가 상승하는 경향이 있어. 농산물은 4계절로 구분하기 환율이나 금(Gold) 가격도 전망할 수 있나요?

보다는 자연 현상으로 설명하는 것이 맞다고 생각해.

[계절별 외환과 원자재 투자 전략]

	외환	원자재
겨울	선진국 통화	귀금속(금)
봄		금속(구리)
여름	이머징 국가 통화	에너지(석유)
가을		

3장
경제 지표의 홍수에서 계절 감지하기
+++

1) 지도에는 경도와 위도가 있고, 투자 지도에는 경기와 물가가 있다

　지금까지 4계절 투자법을 주식, 채권, 대출, 외환 및 원자재에 적용해 보았습니다. 그런데 정작 4계절 구분이 모호하다면 무용지물입니다.

　투자는 자금을 던지는 행위라고 이야기했습니다. 투수는 공을 던질 때 스트라이크 존이라는 가상의 지도를 그립니다. 스트라이크 존은 타자가 만드는 높이와 홈 플레이트가 만드는 길이로 정해집니다. 우리가 투자를 할 때도 스트라이크 존을 그린 뒤 정확히 던져야 성공할 수 있습니다.

　"지구는 둥그니까 자꾸 걸어 나가면 온 세상 어린이를 다 만나고 오겠네." 어릴 때는 맞는 말처럼 들렸지만, 동서로 걸으면 남북의 아이들을 만날 수 없고 남북으로 걸으면 동서의 아이들을 만날 수 없습니다. 적도의 아이가 방향 없이 자꾸 걸어 봐야 동경 126도 북위 37도의 서울에는 올 수 없습니다.

　현재 위치에서 목적지까지 헤매지 않고 가려면 목표 지점의 경도와 위도를 알아야 합니다. 내비게이션은 이렇게 만들어진 도구입니다. 덕분에 우리는 원하는 곳에 효율적으로 도달할 수 있습니다.

우리도 투자의 스트라이크 존을 그리려면 4계절을 구분할 지도가 필요합니다. 그렇다면 투자 지도의 경도와 위도는 무엇일까요? 앞서 설명했듯 답은 경기와 물가입니다. 금융시장의 대표인 채권과 주식이 경제뉴스에 어떻게 반응하는지 살펴보시죠.

채권에 투자하는 경우입니다. 10년간 매해 이자 5백만 원과 10년 뒤 원금 1억 원을 받기로 이미 계약을 했는데, 금리가 5%에서 2%로 하락한다면 기쁠까요? 슬플까요? 기쁠 것입니다. 이미 고금리 상품에 투자했으니 다행이라며 가슴을 쓸어내릴 것입니다. 채권을 사는 사람은 금리가 내리는 상황을 선호합니다. 경기가 나빠진다는 뉴스와 물가가 떨어진다는 뉴스가 가장 좋습니다.

다음은 주식 혹은 기업에 투자하는 경우입니다. 예를 들어 사업을 하는 친구 길동이가 '앞으로 10년 뒤 회사에서 발생하는 수익의 절반을 줄 테니 1억 원을 투자해 달라'고 요구합니다. 대신 10년간은 투자금을 회수할 수 없습니다. 길동이 회사에 투자한 저는 밤마다 어떤 기도를 할까요? "제발 길동이 사업이 잘되게 해 주세요. 그래야 저도 부자가 될 수 있어요."라고 하지 않을까요? 사업이 잘되려면 무엇보다 경기가 좋아야 합니다.

그런데 기도할 내용이 하나 더 있습니다. 만약 10년 뒤에 5억 원을 받았는데 그동안 물가가 올랐다면, 실제 받은 돈의 가치는 4억 원 또는 3억 원까지 떨어질 수도 있습니다. 그러니 "돈의 가치가 떨어지지 않게 해 주세요."라고도 빌어야 합니다. 경기가 좋아지는 것 외에 물가가 오르지 않기를 바라는 기도도 해야 합니다. 주식투자자는 물가가 하락하는 가운데 경기는 좋아지는 상황을 가장 선호합니다. 이처럼 채권과 주식투자자는 각기 다른 생각을 가지고 있습니다.

[투자자가 희망하는 자산별 경제 상황]

	변하지 않는 것	변하는 것	바라는 것
채권	미래의 이자와 원금	금리	물가야 내려라 경기야 내려라
주식	없음	경기 물가	물가야 내려라 경기야 올라라

다시 한번 정리하자면 주식투자자는 경기는 좋지만 물가는 낮은 상황을 가장 좋아합니다. 물가가 낮으면 금리도 내려갑니다. 즉, 경기가 좋은 고성장, 물가가 낮은 저물가, 금리가 낮은 저금리가 가장 좋습니다. 고성장, 저물가, 저금리를 간단히 골디락스(Goldilocks)라고 합니다.

채권투자자는 경기와 물가가 모두 낮은 저성장, 저물가, 저금리 상황을 가장 좋아합니다. 이는 리세션(Recession)이라고 합니다. 리세션에서는 채권 가격이 상승하는데 이때 최고는 만기가 긴 장기채권입니다.

경기를 고성장과 저성장, 물가를 고물가와 저물가로 나누면 총 4가지 경우가 만들어집니다. 남은 두 가지는 고성장과 고물가, 저성장과 고물가 상황입니다. 고성장, 고물가, 고금리는 인플레이션(Inflation)이라 하고 저성장, 고물가, 고금리는 스태그플레이션(Stagflation)이라고 합니다.

인플레이션은 물가가 오르는 상황이니 최고의 자산은 원자재입니다. 인플레이션은 물가가 올라 화폐자산 가치가 하락합니다. 그나마 단기채권에 해당하는 예금이 가치 하락이 가장 적습니다. 스태그플레이션에 최고의 자산은 '물가채'입니다. 물가채는 원금과 이자에 물가 상승률을 반영하므로 물가 상승기에 적합한 채권입니다.

이제 모든 경우의 수가 완성되었습니다. 이를 지도에 가로와 세로로 표기하면 다음과 같습니다. 경기는 가로축에 고성장과 저성장으로 표기하였고, 물가는 세로축에 고물가와 저물가로 분류하였습니다.

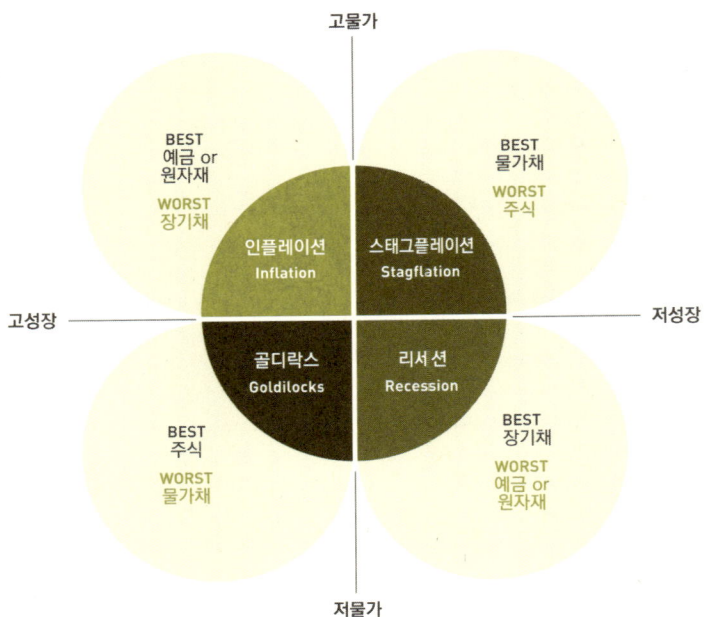

경제 지표나 뉴스가 자산시장에 영향을 미치는 요인은 다음과 같습니다.

1. 최고의 자산과 최악의 자산이 있다.

현재 경제 상황이 저성장, 저물가인 리세션이라면 최고의 자산은 장기채권입니다. 그리고 대각선에 있는 고성장, 고물가의 인플레이션에 적합한 자산인 예금 비중은 줄이는 것이 현명한 의사결정입니다.

2. 함께 오를 수도, 따로 오를 수도 있다.

물가 하락이 발표되면 채권과 주식이 동반 상승할 수 있습니다. 일부 투자자는 물가 하락을 경기 하강의 근거로 판단해 채권을 매수할 것입니다. 그리고 물가 하락이 장기적으로는 경기 상승으로 이어진다고 판단해 주식을 매입하는 투자자도 있을 것입니다. 반면에 동일한 저물가 상황에서 좋은 경기 지표가 발표되면 주식은 오르고 채권은 내려서 따로 움직일 수도 있습니다.

3. 경기와 물가는 하나의 답만 제시한다.

위 표를 활용하면 마치 지도처럼 경기와 물가 상황에 따라 하나의 답만 나타납니다. 고성장은 주식을 상승시키지만, 저물가를 만나야 제대로 오를 수 있습니다. 연봉이 올랐어도 물가가 함께 오르면 효과가 없습니다. 연봉은 오르고 물가는 떨어져야 비로소 연봉 상승 효과를 누릴 수 있는 것과 같은 이치입니다.

 주식과 채권이 같이 오르거나 내릴 수도 있나요?

20년 중 하루

👤 2

 싸부*, 멍청한 질문 하나 드릴게요.
오전 11:54

저성장, 저물가라고 주식이 하락하기만 하는 건 아니잖아요?
최근에는 경제 지표 중에 일부는 좋아지는 것도 같은데…
오전 11:55

계절이 변하듯이 경기도 변하잖아.
경기에도 간절기가 있어.
오후 12:05

*현실에서 두 저자의 친근한 대화 느낌을 그대로 살리기 위해 표준말 '사부' 대신 '싸부'로 표기했다. 이후 대화에서도 '싸부'로 표현했다.

🔍 위 표에 따르면 물가가 하락한 상황에서 경기가 좋을 때는 주식, 나쁠 때는 채권이 적절한 투자 수단입니다. 그리고 하나의 답만 나타난다고 설명하셨습니다. 하지만 특별한 뉴스나 지표 변화가 없어도 주식과 채권이 같이 오르거나 내릴 때가 있습니다. 제 생각엔 정확한 구분이 어려운 간절기가 존재하는 것 같은데요. 자연에 간절기가 존재하듯이 투자도 그런가요?

▲ 간절기는 존재할 수밖에 없지. 간절기(the change of seasons, in-between seasons)는 말 그대로 계절 중간에 나타나는 현상이야. 계절이 나타나고 변화하는 이유를 생각해 보자. 먼저 경기는 주기와 진폭이 다르게 순환한다는 이야기는 앞에서 했지. 그 외에도 경기는 일정한 방향으로 계속 확대되다가 축소되는 과정을 만들어 가. 계절별 온도를 생각하면 쉬울 거야. 겨울에는 영하이던 온도가 봄이 되면 조금씩 따뜻해지다가 여름에 정점을 찍고 다시 추워지는 것과 유사하지. 경기 지표도 계속 확대되다가 정점에서 꺾이기 시작해.

또 하나, 경기 지표는 다양한 개별 지표로 구성되기 때문에 개별 지표와 전체 순환은 다를 수 있어. 전반적인 경기는 나쁘지만 반도체 수출은 좋거나, 내수는 나쁘지만 여행 수요는 증가하는 현상을 예로 들 수 있지.

이 두 가지를 결합해 보자. 예를 들어 경기를 판단하는 지표가 총 10개라고 생각해 봐. 지표 중에 6개 이상이 나쁘다면 우리는 경기가 나쁘다고 판단하겠지. 그리고 경기 지표는 7개, 8개, 9개 이런 식으로 계속 나빠질 거야. 그러다 어느 순간 하나씩 좋은 지표가 나타나기 시작하지. 2개, 3개, 4개를 넘어 드디어 6개 이상의 지표가 좋아지면 우리는 '시장이 다시 좋아지는구나'라고 판단할 거야.

이번엔 시계에 비유해 볼게. 12시부터 3시를 스태그플레이션, 3시에서 6시를 리세션, 6시에서 9시를 골디락스, 9시부터 12시를 인플레이션이라고 하자. 현재 경제가 저성장 저물가의 리세션이면 3시에서 6시 사이라는 뜻이지. 3시 5분 정도에는 전문가만 경제 상황 변화를 알아차릴 것이고, 5시 55분이 되면 모든 사람이 리세션 상황을 인지하겠지. 그런데 일부 전문가는 5시 30분 정도라고 판단되면 다음 경제 상황을 예측해서 장기채권 비중을 줄이고 주식 비중을 늘리기 시작하지. 단기와 현재를 중시하는 전문가는 여전히 장기채권을 선호할 것이고, 장기와 미래를 선호하는 전문가는 싸다고 생각되는 주식을 살 수 있어. 5시 30분에서 6시 30분 정도를 간절기라고 부를 수 있겠지. 우리가 편의상 3, 4, 5월을 봄이라고 하지만 3월의 봄과 5월의 봄은 다르지. 3월은 봄을 준비해야 하고, 5월은 봄을 즐기면서도 주식과 채권이 같이 오르거나 내릴 수도 있나요?

여름을 준비해야 하는 시기니까.

Q 투자의 계절이 몇 개월간 하루하루의 변화로 바뀌어 간다는 말씀이군요! 4계절에 간절기까지 포함해서 투자 의사결정을 하려니 좀 복잡해진 것 같습니다. 뜨거운 여름이나 눈 덮인 겨울이라면 어렵지 않을 텐데 애매한 간절기에 좋은 방법은 없을까요?

A 이렇게 하면 어떨까? 현재가 리세션이라면 채권을 사야 하고, 다음 상황은 골디락스이니 주식 매수를 준비해야지. 그렇다면 봄에서 여름으로 넘어가는 간절기에는 채권을 거치식으로 즉시 투자하고, 다음 계절에 해당하는 주식은 미래를 대비해 적립식으로 조금씩 투자하는 방법이 좋을 것 같아. 여기서 주의할 점! 계절 변화를 예의 주시해서 팔 시기를 놓치지 말아야 해. 너무도 당연한 말 같지만 많은 사람들이 항상 계절의 정점에 '몰빵'으로 투자하는 경향이 있지. 모두가 느낄 수 있는 겨울에 장기 채권에 몰빵 투자하는 것은 위험해. 당연히 한여름에 주식 몰빵도 위험하지.

2) 핵심 지표와 보조 지표는 다르다

　인류를 과학의 시대로 이끈 뉴턴(Newton)이 가장 열심히 공부한 분야는 아이러니하게도 금을 만드는 연금술입니다. 연금술은 과학을 이용해 금을 만드는 기술, 즉 돈을 찍어 내는 기술입니다. 많은 시간을 투자했지만 성공하지 못했고 아직까지 연금술을 터득한 사람은 없습니다. 많은 사람들이 금과 유사한 광물을 만드는 데 성공했을 뿐입니다. 연금술이 그랬듯 투자시장에도 완벽한 투자법은 나타나지 않았습니다.

　특정한 방법으로 자산별 매수/매도 타이밍을 찾아낸다는 말도 연금술 발전 과정과 별반 다르지 않습니다. 천재들의 어깨 위에서 세상을 바라보는 4계절 투자법은 금을 만드는 데 어느 정도나 성공할 수 있을까요?

　금을 만드는 데 경기와 물가만으로 충분할까요? 뭔가 더 추가해야 하지 않을까요? 투자 공부를 하던 초기에 가장 많이 하던 고민입니다. 많은 책에서 제안한 추가 변수는 셀 수 없이 많습니다. 환율, 저축률과 투자율, 소비자 심리지수와 제조업 생산지수, 설비투자 및 건설수주액, 실업률과 명목임금 상승률, 은행의 예금과 대출 증가율, 가계신용과 기업부채, 가계대출 연체율과 기업 부도율, 고객예탁금과 주식거래 대금, 안전자산 선호/위험자산 선호, 국제 유가, 구리 가격, 경상수지와 외국인 직접투자 추이, 수출금액과 수입금액, 순상품 교역조건, 외환보유액, 추계인구 및 고령인구 비율, 기업 실적과 실적 기대, 배당, 파생

상품 거래, 여기에 정부의 각종 정책까지….

더 정교해지면 더 높은 수익을 얻을 수 있을까요? 과유불급이라는 말처럼 변수가 많아지니 계절 변화도 알기 어렵고 간절기가 더 자주 나타났습니다. 판단은 느려졌고 수익의 기회는 사라졌습니다. 다시 천재들의 어깨를 빌려 보았습니다.

전 세계 최고의 경제 대통령인 FRB 의장은 경제를 어떻게 판단할까요? 저는 단순함에 깜짝 놀랐습니다. 애매하게 말하는 법도 없습니다. 먼저 원문입니다.

[FOMC REPORT 2019-09-18]*

경기	Information received since the Federal Open Market Committee met in July indicates that the labor market remains strong and that <u>economic activity has been rising</u> at a moderate rate. Job gains have been solid, on average, in recent months, and the unemployment rate has remained low. Although household spending has been rising at a strong pace, business fixed investment and exports have weakened.
물가	On a 12-month basis, overall <u>inflation</u> and inflation for items other than food and energy <u>are running below 2 percent</u>. Market-based measures of inflation compensation remain low; survey-based measures of longer-term inflation expectations are little changed.
금리	Consistent with its statutory mandate, the Committee seeks to foster maximum employment and price stability. In light of the implications of global developments for the economic outlook as well as muted inflation pressures, <u>the Committee decided to lower the target range for the federal funds rate to 1-3/4 to 2 percent.</u>

출처: FRB

FOMC 리포트에는 경기와 물가만이 독립변수였고, 금리가 종속변수였습니다. 3가지 자료로 충분했습니다. 그 어디에도 환

---

* FOMC REPORT 2019-09-18 주요 부분 해석

경기	경기는 완만한 속도로 상승하고 있다.
물가	근원소비자물가 상승률은 2% 아래에 있다.
금리	위원회는 연방기금금리의 목표 범위를 1.75% ~ 2.00%로 낮추기로 결정했다.

율, 외환보유액, 인구, 파생상품거래 같은 언급은 없었습니다.

　금융시장은 엄청난 정보가 돌아다니는 곳입니다. 많고, 복잡하고, 변하는 정보가 이 시장의 특징입니다. 복잡하면 의사결정이 늦어집니다. 단순할수록 좋았고(Simple is better), 적을수록 더 나았습니다.(Less is more)

　53페이지의 표 [투자 계절별 경제 상황, 정부 정책, 주요 리포트와 투자]를 다시 봐 주세요. 경기 변화를 판단하는 잣대 중 하나가 FRB의 경제 진단서입니다. FOMC 리포트를 자세히 분석해 보겠습니다. 첫 번째 문장의 주어는 경기에 해당하는 'Economic Growth'입니다. 경기는 Rising하고 있다. 즉, 경기는 상승이니 고성장입니다. 다음 문장의 주어는 물가인 'Inflation'입니다. 물가는 Below 2%. 즉, 저물가입니다. FRB는 현재 경제 상황을 애매하게 말하는 법이 없습니다. 위와 아래를 분명히 구분 지어 판단합니다. FRB가 판단하는 미국 경제는 고성장/저물가/저금리의 골디락스입니다.

　조금 더 들어가 보겠습니다. 경기가 순환하면서 회복기, 호황기, 후퇴기, 침체기를 겪는다고 했습니다. 경기 회복기에 FOMC 리포트는 recovery, moderate 같은 단어를 사용합니다. 호황기에는 expand, solid 같은 단어를 써서 경제가 탄탄하게 성장 중임을 표현합니다. 그리고 후퇴기에는 slow, decline, 침체기에는 decelerate, weaken 같은 단어를 씁니다. 뉘앙스를 보면 4계절의 차이를 느낄 수 있습니다.

 우리나라는 환율이 더 중요하지 않나요?

20년 중 하루

 싸부, 우리나라는 경상수지를 가장 중요하게 생각하는 정부관료도 많고, 환율로 시장을 전망하는 전문가들도 많은 것 같습니다.
오후 03:13

응, 여전히 수출이 중요하다는 사람들이 많은 것 같아.
오후 03:14

 그런데, 아직도 경상수지와 환율이 중요한 건 사실이지 않나요?
오후 03:15

경상수지나 환율보다 경기나 물가 지표가 더 빨리 움직일 거야. 뭐가 더 근본원인인지를 생각해 봐야 해.
오후 03:16

Q 우리나라는 소규모 개방경제라서 핵심 요소가 환율 아닌가요? 해외 투자를 해서 수익률이 올라도 환율 때문에 손해를 보는 경우도 많이 봤거든요. 그리고 각종 위기상황에도 환율이 먼저 반응하지 않았나요?

▲ 상당한 오해가 있는 부분인데 각 나라가 겪은 트라우마와 관련이 있는 것 같아. 어느 나라든 각자의 트라우마가 있어.

미국은 1930년 대공황이 가장 큰 경제적 사건이었지. 국내 총생산인 GDP가 무려 25% 이상 하락하고, 실업률은 20%가 넘던 대공황의 충격은 무려 10년간 이어졌어. 미국의 트라우마는 대공황이고 경제의 핵심 요인은 경기 지표야.

독일은 1차 세계대전 이후 하이퍼인플레이션의 고통이 컸지. 전쟁에서 패한 독일은 배상금을 지불하고 경기를 진작하기 위해 어마어마한 화폐를 발행했어. 그래서 초인플레이션인 하이퍼인플레이션(Hyper Inflation)이 발생했지. 물가가 폭등해 빵 1kg 가격이 4,000억 마르크를 넘어섰으니 물가 폭등으로 생필품도 구매할 수 없던 독일 국민들은 엄청난 고통을 겪었을 거야. 그리고 그 혼란을 히틀러 정권이 탄생한 배경이라고 생각하는 사람도 많아. 그래서 독일은 물가를 더 중요한 요인으로 생각해.

우리나라는 한국전쟁 이후 정말 가난한 나라였어. 세계은행에

> 우리나라는 환율이 더 중요하지 않나요? **Talk**

따르면 1960년대에 40억 달러에 불과하던 GDP가 2018년에 1.7조 달러(17,000억 달러)가 되었으니 정말 놀라운 발전이지. 1960년대 우리나라는 내수와 수출의 비중이 98:2였어. 그런데 지금은 55:45 수준으로 바뀌었어. 적은 인구 탓에 부족한 내수를 수출로 해결한 셈이지. 성장의 질을 떠나 양적인 팽창은 이런 경제 구조 변화에서 출발했다고 봐야 할 거야.

우리나라는 돈을 풀어 원화 가치를 하락시켜서 수출 가격을 떨어뜨리는 방식으로 경제 성장을 이뤘어. 1960년대에 1달러는 300원이었고, 1970년대에도 100엔은 200원 수준이었지. 현재 환율을 생각하면 그동안 얼마나 원화 가치가 하락했는지 알 수 있어.

이처럼 우리나라는 환율 경로를 통해 경제를 성장시켰어. 이머징 국가의 경제모델은 수출과 투자로 경제를 성장시키는 것이고 한국은 최고 우등생이었지. 수출로 벌어 온 달러를 다시 기업에 투자해서 내수를 키우는 방식이 지금까지 사용하던 모델이야. 그러다가 경상수지 적자 규모가 전체 GDP의 3%를 넘어서면서 달러가 부족해졌고, 외국투자자들이 국내 금융기관의 대출을 연장해 주지 않으면서 외환위기가 발생했지. 그 유명한 IMF 외환위기야. 그리고 세계 경제가 침체되면서 또 한 번의 위기를 겪었지. 2008년의 서브프라임 위기였어. IMF 당시에는 환율

> **Talk** 우리나라는 환율이 더 중요하지 않나요?

이 2,000원을, 2008년에는 1,500원을 넘어서기도 했지. 이런 이유로 환율을 우선시하는 전문가들이 꽤 있어. 하지만 **환율은 경기와 물가가 만들어 낸 결과**라고 보는 것이 더 합리적이야. 환율로 자산시장을 판단한다면 의사결정이 늦을 확률이 높아. 또 환율이 금융위기 같은 위험상황에 대한 지표이기는 하지만, 금융위기는 특수한 경우라서 일상적인 투자 의사결정에 접목하기도 어렵지.

3) 경기 순환이 발생하는 요인

투자의 계절이 바뀌는 이유는 경기가 순환하기 때문입니다. 그렇다면 경기 순환이 발생하는 원인은 무엇일까요? 한국은행에서 만든 다음 표를 보면 알 수 있습니다.

[통화정책이 거시경제에 영향을 미치는 경로]

출처: 한국은행

경제를 성장시키는 방법은 크게 3가지입니다. 첫째, 환율 경로입니다. 금리를 인하하여 통화량을 늘리고 환율을 상승시켜 자국 통화의 평가절하를 시도합니다. 이를 통해 가격 경쟁력을 높여 수출을 진작하고 경제를 성장시킵니다. 우리나라에서는 박정희 정권과 전두환 정권 시절인 1960년대에서 1987년까지 사용된 모델입니다.

[대한민국 내수와 수출의 변화]

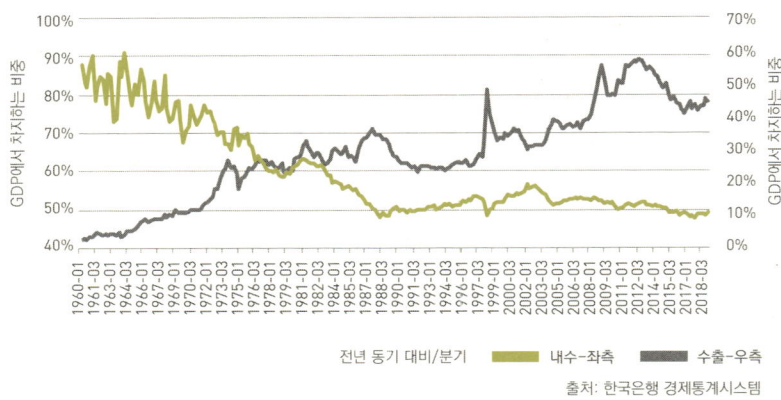

출처: 한국은행 경제통계시스템

둘째, 신용 경로입니다. 정부는 금리를 인하하고 통화량을 증가시켜 가계와 기업의 대출을 유도합니다. 이를 통해 투자를 활성화시켜 경기를 확장합니다.

[대한민국 건설투자와 설비투자 비중]

출처: 한국은행 경제통계시스템

우리나라는 1987년부터 1992년까지 건설 경기를 부양하여 경제를 성장시키는 방법을 선택했습니다. 주택 2백만 호 건설이 당시 대표적인 정책입니다.

환율과 신용 경로를 이용한 수출이나 투자를 통한 경제 성장은 이머징 국가가 활용할 수 있는 방법이며, 세계화 시대에 적합한 정책이었습니다. 하지만 수출을 통한 경제 성장은 상대 국가의 반발을 불러오기 쉽습니다. 예를 들어 1985년 플라자 합의*는 독일과 일본의 경상수지 흑자에 적자국인 미국이 반발하면서 이루어졌습니다. 결국 독일 마르크화와 일본 엔화는 강제로 절상되었습니다.

그렇다면 내수 비중이 높거나 성장 잠재력이 낮은 선진국은 어떤 정책으로 경제 성장을 조정할까요? 바로 세 번째 방법인 자산가격 경로가 대표적입니다. 금리 인하와 통화량 증가는 부동산 가격과 주가를 상승시킵니다. 부동산 가격이 상승하면 가계의 부(wealth)가 증가하고, 가계는 부의 효과(wealth effect)*를 느끼게 됩니다. 예를 들어 집값이 10억 원에서 12억 원으로 오르면 자신의 부(wealth)가 증가했다는 생각을 한다는 뜻입니다. 이는 소비 진작으로 이어지고, 그 결과 경제가 성장합니다. 그리고 주가 상승은 기업의 투자 증대로 이어지기도 합니다.

---

* 플라자 합의(Plaza agreement)
미국, 독일, 일본, 영국, 프랑스의 재무장관이 플라자호텔에서 미국 달러를 일본 엔화와 독일 마르크화에 대해 절하하기로 합의했다.

* 부의 효과(wealth effect)
자산 가치가 상승하면 소비도 증가하는 현상을 가리키는 말이다.

이런 자산가격 경로를 통해 미국은 2008년 서브프라임 위기를 해결했고, 유럽은 2011년의 재정 위기에서 벗어났으며, 일본은 2013년에 잃어버린 20년을 극복했습니다. 우리나라에서는 9.11 테러 등으로 수출이 급감했던 2002년에 김대중 정부가 내수 경기를 활성화하기 위해 부동산과 신용카드 정책 등을 사용하기도 했습니다.

 정부와 중앙은행의 정책이
투자에 미치는 영향은 무엇인가요?

20년 중 하루

스승님 트럼프가 금리를 적극적으로 인하하지 않는 연준을 비판하고 있습니다.
오후 05:25

행정부와 중앙은행은 서로 다른 처방을 하는 것은 당연한 일이지. 그렇지만, 중앙은행에 대한 행정부의 개입은 월권이야.
오후 05:27

저는 이해가 가질 않습니다. 행정부나 중앙은행이나 경제성장을 위한 국가기관인데 왜 의견이 다른 걸까요?
오후 05:29

행정부는 경기가 더 중요하고 중앙은행은 물가가 더 중요하지.
오후 05:30

Q 이야기를 듣고 보니 경기는 결국 정부 정책에 따라 만들어진다는 생각이 듭니다. 그렇다면 중앙은행이 존재하는 이유는 무엇인가요?

A 먼저 경제가 좋은 상황을 생각해 보자. 수출과 기업 투자가 늘어나면 고용률은 높아지고 실업률은 떨어지지. 사람을 구하기 힘들기 때문에 인건비가 오르고, 기업이 투자를 늘리니 유가도 올라서 물가는 계속 오르지. 이때 정부가 늘어나는 세수를 보면서 특별한 대책을 취하지 않는다고 생각해 보자.

기업은 늘어나는 소비에 맞추기 위해 생산과 재고를 10% 늘리고 직원도 10% 더 뽑는 등 모든 부분에서 확장 정책을 취하고 있어. 가계는 10% 오른 임금에 기뻐하는데, 많은 기업이 확장 정책을 취하다 보니 물가가 더 빠르게 올라가는 거야. 음식값, 전월세도 오르는 등 물가가 12% 올랐다고 생각해 보자. 어떤 생각이 들어?

Q 물가가 오르면 임금 상승은 무용지물이 되죠.

A 맞아. 임금 상승률보다 물가 상승률이 더 높다면 사람들의 소비 여력이 떨어지지. 소비가 줄어들면 기업의 매출액과 이익도 급

> 정부와 중앙은행의 정책이 투자에 미치는 영향은 무엇인가요? **Talk**

감하기 시작해. 그럼 생산도 줄이고 과잉 재고도 처분해야 해. 직원들은 구조조정을 당하고, 힘들게 만든 상품은 재고 떨이를 할 수밖에 없지. 이런 일이 동시에 일어나면 경기 침체와 물가 하락이 급격하게 진행될 거야.

경기가 너무 과열되어도, 그렇다고 침체되어도 좋은 상황이 아니지! 그래서 시장에는 적절한 개입이 필요해. 이러한 경기의 급격한 변동을 막기 위해 시장을 안정화시키는 정책을 펴는 곳이 바로 중앙은행이야.

중앙은행은 경기 상승에 취해 있는 정부와는 별개로, 물가가 너무 오른다고 생각하면 경기를 식히기 위해 금리를 올려. 또 경기와 물가가 하락하면 금리를 내려 방어하는 역할을 하지. 민간에 의한 경기 순환은 진폭이 너무 커지는 문제가 있어. 그래서 진폭을 줄이려는 정책을 취하는 거야.

조셉 키친의 이야기를 빌리면 경기가 순환하는 핵심 원인은

❶ 가계 소비와 기업 투자 같은 경기 요인

❷ 물가와 금리 변동

❸ 통화정책으로 구분할 수 있어.

그래서 글로벌 금융시장은 정부의 재정정책보다 중앙은행의 통화정책이 더 중요하지.

3부

계절 변화를
확인하는 법

1장. 좋은 경제 지표 vs 잘못된 경제 지표
2장. 경기, 호황의 황소 혹은 불황의 곰
3장. 물가, 인플레이션 호랑이
4장. 금리, 정부와 시장의 대화

1장
좋은 경제 지표 vs 잘못된 경제 지표
+++

 4계절 투자법은 계절 변화만 알면 실천하기 쉬운 방법입니다. 그런데 경제 지표와 자산시장이 항상 같이 움직이지는 않기 때문에 의구심이 들기도 합니다. 또 매일 매분 바뀌는 뉴스를 보면 단기 매매를 통해 수익을 더 올리고 싶은 욕심도 생깁니다. 열심히 하면 더 나은 결과가 있으리라는 생각으로 계속해서 이런저런 방법을 혼합하기도 합니다.

 먼저 어떤 주기로 경제 지표나 자산시장을 봐야 하는지 이야기해 보겠습니다. 어린 시절 운동장에 물 주전자로 그림을 그린 적이 있습니다. 천천히 잘 그리려고 했지만, 줄은 삐뚤삐뚤했습니다. 당시 선생님은 발아래가 아니라 멀리 목표를 보고 빠르게 달려가면 오히려 줄을 제대로 그을 수 있다고 말씀하셨습니다. 이 이야기는 희한하게 오랫동안 기억에 남았는데 세상을 이해하는 방법도 이와 유사한 듯합니다.

 저는 경제 지표나 자산시장을 관찰할 때 최소한 주간 자료(Weekly Report) 이상의 데이터를 봐야 한다고 생각합니다. 정보에는 신호(Signal)와 소음(Noise)이 있습니다. 신호와 소음이 혼재되어 있는 시장에서 소음을 제거하는 가장 좋은 방법은 대량의 데이터 관찰입니다. 주사위를 6번 던져 1이 나올 확률은 오차가 크지만, 주사위를 600번 던지면 1이 나올 확률이 평균 100번 근처에 있을 것입니다. 장기 데이터는 소음을 없애고 신호를 제공해 줍니다.

최소한은 1주일 단위지만 더 나은 주기는 1달이라고 판단됩니다. 경제 지표는 월간, 분기, 연간으로 발표됩니다. 기업 실적은 분기와 반기, 연간으로 발표됩니다. 따라서 월간 자료가 오히려 소음을 없애는 더 나은 방법이 될 수도 있습니다.

더 본질적인 방법에 대해 이야기해 보죠. 자산시장을 움직이는 원인과 결과 분석입니다. 주식이나 채권, 부동산 등은 어떤 경로로 변화할까요?

자산시장에 투자하는 방법은 크게 4가지입니다.

첫 번째는 뉴스를 보고 해석하여 투자하는 방법입니다. 이를 정보분석 기법이라고 합니다. 정보분석 기법을 사용하는 투자자는 인포메이션 트레이더(Information Trader)라고 하고 이런 투자 방법의 대가가 조지 소로스입니다.

두 번째는 경제 지표를 분석해 투자하는 방법으로 기본적 분석 중 톱다운 방식(Top Down)이라고 합니다. 채권왕이었던 빌 그로스가 이런 방법을 사용합니다.

세 번째는 기업의 재무제표를 분석해 매수와 매도를 결정하는 방법으로 이는 기본적 분석 중 보텀업 방식(Bottom Up)입니다. 투자의 신 워런 버핏이 사용하는 방식으로 알려져 있습니다.

마지막은 외국인과 기관, 개인의 투자를 분석해 이용하는 방법으로 기술적 분석(Technical Analysis)입니다. 가장 많은 투자자가 사용하는 방법입니다.

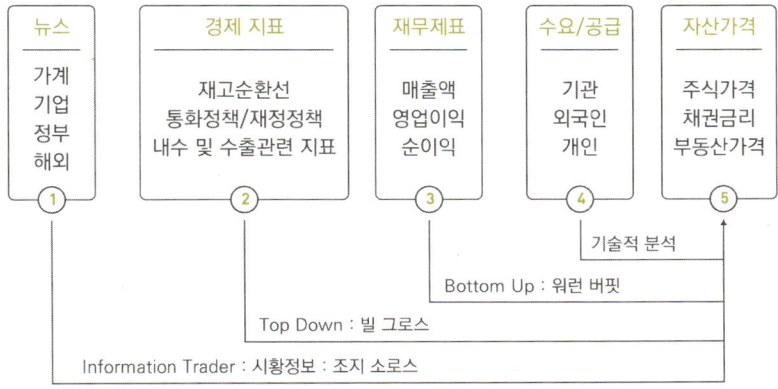

[자산시장을 움직이는 원인과 결과분석]

뉴스가 바뀌면 경제 지표가 변하고, 경제 지표가 변하면 기업 실적이 바뀌고, 기업 실적이 수급을 변화시켜 주가가 오르내립니다. 뉴스에 해당하는 분야는 가계, 기업, 정부, 해외 요인의 변화 등입니다. 가계 심리가 바뀌고, 기업의 생산, 출하, 재고가 변하고, 정부 정책이 달라지고, 해외시장에서 생산과 소비, 각국가 정책이 바뀌는 소식이 모두 뉴스입니다.

가장 빠르기 때문에 새로운(New) 뉴스(News)이지만, 사실(Fact)이 아닐 수도 있습니다. 그래서 뉴스는 안정성이 떨어져 변동성이 크다는 단점이 있습니다. 안정적인 수익의 버핏과 달리 소로스는 수익률의 변동성이 높았고, 큰 성공만큼이나 많은 실패를 경험할 수밖에 없었습니다. 또한 정부 정책이 바뀌어도 개인 소비로 이어지지 않는다면 기업 실적이 개선되기 어렵듯, 시차가 존재하기에 인포메이션 트레이딩(Information Trading)은 실제로 적용하기가 어렵습니다.

다음은 경제 지표입니다. 경제 지표를 이용한 분석 기법의 가장 큰 문제는 지표가 너무 많다는 점입니다. 한국은행은 100대 통계 지표를 발표하고, 미국 FRB는 50만 개 이상의 데이터를 제공합니다. 이 중에서 유용성이 높고, 일관되며, 적시에 공급될 수 있는 자료가 필요합니다. 목적이 자산시장에 투자할 타이밍과 종목 선정이라면 그에 맞는 유용한 정보를 찾아야 합니다. 4계절 투자법에 적합한 지표는 근기 키친파동의 원인이 되는 재고순환, 물가 및 금리정책, 통화정책 등입니다. 이를 잘 적용시킨 사람이 빌 그로스입니다.

다음은 재무제표입니다. 기업 실적 변화는 담당 애널리스트들의 기업 탐방과 분석을 통해 주식시장에 알려집니다. 애널리스트는 기업의 미래 매출액을 예상하고 이에 따른 손익계산서와 재무상태표를 전망합니다. 이 자료가 애널리스트 리포트라는 이름으로 시장에 공개되고 투자자들의 의사결정 근거가 됩니다. 버핏이 가장 좋아하는 기업의 사업 보고서입니다.

마지막으로 기술적 분석입니다. 실적 전망에 대한 좋은 소식은 결국 투자자들의 수요를 움직여서 수급을 만들어 냅니다. 가격은 수요가 공격적이면 오르고, 공급이 공격적이면 내립니다. 이런 수요와 공급을 분석하는 방식이 기술적 분석입니다. 오늘의 주가, 금리, 환율을 가장 잘 설명하는 방법이 바로 수요와 공급입니다. 그런데 이 방법은 미래 예측이 어렵다는 단점이 있습니다. 예를 들어 오늘은 외국인의 공격적 매수가 가격을 올렸는데 내일은 어떤 결정을 할지 전망하기 힘듭니다. 즉, 계속성이 없다는 점이 문제입니다.

지금까지 살펴본 지표들의 소음을 제거하면 가장 적합한 투자 방법은 경제 지표와 재무제표를 이용하는 기본적 분석입니다. 그중에서 경제 지표는 타이밍을 찾기 위해 주로 활용되고 재무제표는 종목을 분석하는 데 주로 쓰입니다.

전 세계 200개 국가에 대략 30,000개의 상장사가 있습니다. 어떤 투자자가 전 세계 모든 기업을 살펴보려면, 300일 동안 매일 100개가 넘는 기업을 분석해야 합니다. 쉬운 일이 아닙니다. 그래서 버핏은 자신만의 가이드라인에 따라 극소수 기업에만 투자할 뿐입니다.

만약 버핏이 ETF가 활성화되던 2000년대에 투자를 시작했다면 글로벌 국가를 대상으로 모든 자산에 투자하는 톱다운(Top Down) 분석가가 되지 않았을까 생각합니다. 여러 이유로 ETF가 발달한 현재 자산시장에서는 경제 지표를 보고 타이밍을 찾는 톱다운(Top Down) 분석이 비용과 위험 대비 수익을 높일 수 있는 방법입니다.

 **전문가를 믿어도 되나요?**

20년 중 하루

 스승님! 제 고객이 인터넷 주식방에서 전문가가 추천하는 주식을 샀다가 -50% 손실을 봤답니다.
오후 12:58

그런데, 그 전문가가 그런 전력이 많은 사짜라는 거예요.
오후 12:58

안타까운 일이군.
그런데, 비일비재한 일이야.
오후 12:59

 왜 이런 일이 계속 반복될까요?
오후 12:59

고객은 욕심이 생겨서 그럴 테고, 그 약점을 노리는 가짜 전문가가 많아서 그러겠지.
오후 01:01

Q 금융은 정보고, 투자는 결국 정보를 분석하는 일인데, 봐야 할 데이터가 많으니 전문가에 의존하는 것 같습니다. 그런데 어설픈 전문가가 인터넷에 넘치고, 가짜뉴스가 범람하니 힘이 듭니다. 전문가들도 서로 의견이 달라 판단하기가 어렵긴 매한가지입니다. 좋은 방법이 없을까요?

A 가짜뉴스와 어설픈 전문가는 과정으로 결과를 판단하지 않아. 결과를 미리 정해 놓고 과정을 찾아다니지. 예를 들어 '주식 상승'을 검색하면 주식이 상승할 수밖에 없는 각종 이유들이 나와. 당연하지. 경제 지표가 100개가 넘는데 오를 만한 뉴스가 없겠어? 대신 '주식 하락'을 검색해도 각종 이유들이 나오지. 이런 행태를 우리는 분석(Analysis)이라고 부르지 않고 정당화(Justify)라고 하지. 답이 이미 정해진 '답정너'보다는 답을 바꾸는 사람이 진짜 전문가가 아니겠어?

항상 다른 분석 기법을 제시하는 전문가도 신뢰하기 어렵지. 앞의 FOMC 자료에서 봤듯이 전문가는 프레임이 잘 정해진 사람이야. 형태는 그대로 두고, 내용의 변화만으로 세상을 해석하는 사람이 전문가야. 형태와 내용을 매번 바꾼다면 재밌거나 신선할 수는 있지만, 성공 투자는 어렵지.

2장
경기, 호황의 황소 혹은 불황의 곰
+++

이제 경제 지표 중 핵심 요인인 경기, 물가, 금리의 변화를 찾아서 확인하는 방법을 알아보겠습니다. 잠시 한국의 경제 지표를 볼까요? 한국은행의 100대 통계 지표입니다. 정말로 엄청나게 많은 지표가 있습니다. 사실 너무 많은 지표는 없는 것과 마찬가지입니다. 정보의 바다에 빠져 죽기 좋을 뿐이죠.

[한국은행 100대 통계 지표]

출처: 한국은행

통계 구분	통계 지표	시점	원자료	단위
국민소득 경기 기업경영	경제 성장률(실질, 계절조정 전기 대비)	20193	0.4	%
	민간소비 증감률(실질, 계절조정 전기 대비)	20193	0.2	%
	설비투자 증감률(실질, 계절조정 전기 대비)	20193	0.6	%
	건설투자 증감률(실질, 계절조정 전기 대비)	20193	-6	%
	GDP(명목, 계절조정)	20193	479,487.00	십억 원
	GDP디플레이터	20193	105.203	2015=100
	1인 당GNI	2018	33,434	달러
	총저축률	20193	35	%
	국내 총투자율	20193	30.4	%
	수출입의 대 GNI 비율	2018	82.4	%
	제조업 업황실적 BSI	201911	74	
	소비자 심리지수	201911	100.9	
	경제 심리지수	201911	91.5	
	경기동행지수 순환변동치	201910	99.4	2015=100
	경기선행지수 순환변동치	201910	98.7	2015=100
	제조업 부채비율	2018	73.55	%
	제조업 매출액 세전 순이익률	2018	7.32	%
	제조업 매출액 증감률	2018	4	%

구분	항목	시점	값	단위
산업활동 소비 투자	전 산업 생산지수(농림어업제외)	201910	108.8	2015=100
	제조업 생산지수	201910	110.3	2015=100
	제조업 출하지수	201910	105.5	2015=100
	제조업 재고지수	201910	116.9	2015=100
	제조업 가동률지수	201910	102.7	2015=100
	서비스업 생산지수	201910	108.9	2015=100
	도소매업지수	201910	106	2015=100
	자동차판매업지수	201910	121	2015=100
	소매판매액지수	201910	115.9	2015=100
	개인 신용카드 사용액	201908	52,485.60	십억 원
	설비투자지수	201910	103	2015=100
	국내 수요기계 수주액	201910	2,687.90	십억 원
	기계류 내수출하지수	201910	100.3	2015=100
	건축허가면적	201910	13,225,468	m²
	건축착공면적	201910	10,545,954	m²
	건설수주액	201910	13,383.10	십억 원
	건설기성액	201910	10,683.20	십억 원
고용 임금 가계	경제활동인구	201910	28,373	천 명
	취업자수	201910	27,509	천 명
	실업률	201910	3	%
	고용률	201910	61.7	%
	시간당 명목임금 증감률(전년 동기 대비)	20192	3	%
	노동생산성 증감률(전년 동기 대비)	20192	-1.9	%
	단위노동비용 증감률(전년 동기 대비)	20192	3.7	%
	가구당 월평균 소득	20193	5,609,633	원
통화 금융	M1(협의통화, 평잔)	201909	887,411.70	십억 원
	M2(광의통화, 평잔)	201909	2,853,272.00	십억 원
	Lf(평잔)	201909	4,048,352.30	십억 원
	L(말잔)	201909	5,123,440.90	십억 원
	예금은행 총예금(평잔)	201909	1,471,258.90	십억 원
	예금은행 대출금(평잔)	201909	1,664,164.00	십억 원
	가계신용	20193	1,572,659.90	십억 원
	가계대출 연체율	201909	0.3	%
금리	기준금리	20191129	1.25	연%
	콜금리(익일물)	20191205	1.25	연%
	KORIBOR(3개월)	20191206	1.52	연%
	CD수익률(91일)	20191206	1.53	연%
	통안증권 수익률(364일)	20191206	1.382	연%
	국고채 수익률(3년)	20191206	1.43	연%
	국고채 수익률(5년)	20191206	1.511	연%

금리	회사채 수익률(3년, AA-)	20191206	1.969	연%
	예금은행 수신금리	201910	1.55	연%
	예금은행 대출금리	201910	3.2	연%
	LIBOR(U$, 3개월)	201911	1.906	연%
	미국 국채 수익률(10년)	201911	1.776	연%
증권	코스피	20191206	2,081.85	1980.01.04=100
	코스닥지수	20191206	628.1	1996.07.01=1000
	주식거래대금	201910	92,843,022.80	십억 원
	고객예탁금	201911	24,671.10	십억 원
	채권거래대금	201911	202,326.40	십억 원
	국고채발행액	201910	10,296.00	십억 원
물가	소비자물가지수	201911	104.87	2015=100
	농산물 및 석유류 제외 소비자물가지수	201911	105.22	2015=100
	생활물가지수	201911	105.37	2015=100
	생산자물가지수	201910	103.61	2015=100
	수출물가지수	201910	99.04	2015=100
	수입물가지수	201910	108.45	2015=100
	주택매매가격지수	201910	100.3	2017.11=100
	주택전세가격지수	201910	96.6	2017.11=100
	지가변동률(전기대비)	201910	0.336	%
	국제유가(Dubai)	201911	62.73	달러/bbl
국제수지 대외거래	경상수지	201910	7,827.20	백만 달러
	금융계정	201910	10,242.30	백만 달러
	대외채무	20193	458,199.90	백만 달러
	직접투자(자산)	201910	2,239.00	백만 달러
	직접투자(부채)	201910	1,200.10	백만 달러
	수출금액지수	201910	110.97	2015=100
	수입금액지수	201910	115.69	2015=100
	순상품 교역조건지수	201910	90.84	2015=100
환율 외환 보유	원/달러 환율(매매기준율)	20191206	1,190.20	원
	원/달러 환율(종가)	20191206	1,189.60	원
	원/위안 환율(매매기준율)	20191206	168.82	원
	원/위안 환율(종가)	20191206	168.98	원
	원/엔(100엔) 환율	20191206	1,094.49	원
	원/유로 환율	20191206	1,321.78	원
	외환보유액	201911	4,074.60	억 달러
경제관련 사회통계	추계인구	2019	51,709,098	명
	고령인구비율(65세 이상)	2019	14.9	%
	합계출산율	2018	0.977	명
	자동차 등록대수	201910	23,594,014	대
	주택보급률	2017	103.3	%
	지니계수	2017	0.355	

우리 관심사는 주식, 채권, 부동산, 원자재 같은 자산시장의 방향을 예측하고 전망하는 데 있습니다. 이 중 경기 상승과 하락을 판단하려면 어떤 지표가 필요할까요? 가장 중요한 3가지 지표는 제조업 PMI, 재고순환선, 그리고 OECD 경기선행지수입니다.

1) 절대적 존재감, 제조업 PMI 지수

우선 제조업 PMI가 왜 중요한 지표인지 알아야 합니다. 경제를 측정하는 데 가장 우수한 단일 지표는 GDP입니다. 애덤 스미스(Adam Smith)는 국부론에서 "국가의 부(富)는 생산력에 달려 있고, 생산력이 높은 나라가 강한 나라다."라고 했습니다. 국가의 생산력을 파악하기 위한 중심 지표가 바로 GDP입니다. 현재 전 세계 GDP에서 차지하는 비중은 미국이 24% 수준으로 1위, 중국이 15%로 2위, 그리고 한국은 2%로 11위입니다. 경제 규모인 GDP와 경제 성장률인 GDP 성장률은 여전히 한 나라의 경기를 판단하는 중요 지표입니다.

그런데 왜 GDP가 아닌 제조업 PMI가 절대적인 존재감을 가지게 되었을까요? 1년에 4번 발표하는 GDP는 너무 느립니다. 시의성이 떨어지는 단점이 있습니다. 그래서 생산, 소비, 수출입 등 개별 지표를 보기도 하지만, 이 또한 전체 움직임을 파악할 수 없다는 단점이 있습니다.

가장 빠른 방법은 경제 주체인 생산자와 소비자에게 직접 현재 경기의 진단과 미래 전망을 설문 조사하는 것입니다. 제조업 PMI는 구매 관리자 지수(Purchasing Manager Index)입니다. 제조업체 구매 담당자(Purchasing Manager)에게 "앞으로 경기가 좋아진다고 생각하세요? 나빠진다고 생각하세요?"라고 묻고, 응답자가 절반으로 나뉘면 50, 좋아진다고 생각하는 사람이 더 많으면 50 이상의 값으로 표현합니다. 제조업체 구매 담당자가 소비자보다 전문 지식과 경험이 풍부하기 때문에 경제를 더 잘 판단할 것이라고 생각해 만들어진 지표입니다. 또한 소비자 심리지수에 비해 변동성이 낮아서 활용하기에도 좋은 지표입니다.

더 결정적인 이유가 있습니다. 경제를 두 가지로 구분하면 생산, 소비, 수출입 같은 실물경제가 있고 주식, 채권, 부동산 같은 자산경제가 있습니다. 현재 전 세계 GDP의 95%가량을 민간기업이 만들어 내고 있는데, 대부분 상장기업은 제조업에 해당합니다.

미국 실물경제에서 제조업과 서비스업이 차지하는 비중은 23%와 77%입니다. 하지만 S&P 500에 상장된 기업들은 61%가 제조업, 39%가 서비스업으로 제조업이 더 많은 비중을 차지하고 있습니다. 우리나라 역시 시가총액 상위 10개 회사를 보면 삼성전자, SK하이닉스, 현대차, 삼성바이오로직스, 현대모비스, 셀트리온, LG화학, POSCO 등 제조업이 대부분입니다. NAVER, 신한지주 같은 서비스업 비중은 10%에 못 미치고 있습니다. <u>실물경제에서는 서비스업 경기가 중요하지만, 우리의 관심사인 자산경제에서는 제조업 경기가 중요합니다.</u>

세계 최대 금융회사인 JP Morgan은 그런 의미에서 경기를 두 가지로 구분해 평가합니다. 하나는 GDP 성장률이고, 하나는 제조업 PMI 지수입니다.

유용한지 검증하기 위해 과거로 돌아가 2018년 1월에 발표된 JP Morgan의 국가별 PMI 지수를 살펴보겠습니다.

[국가별 PMI 지수]

Global PMI for manufacturing

	Jan/17	Feb/17	Mar/17	Apr/17	May/17	Jun/17	Jul/17	Aug/17	Sep/17	Oct/17	Nov/17	Dec/17
Global	52.8	53.0	53.0	52.7	52.6	52.6	52.8	53.2	53.3	53.5	54.1	54.5
DM	54.2	54.1	53,9	54.1	54.1	53.9	54.0	54.2	54.6	55.2	55.8	56.3
EM	50.8	51.3	51.6	50.9	50.6	50.8	51.0	51.7	51.4	51.2	51.7	52.2
U.S.	55.0	54.2	53.3	52.8	52.7	52.0	53.3	52.8	53.1	54.6	53.9	55.1
Euro Area	55.2	55.4	56.2	56.7	57.0	57.4	56.6	57.4	58.1	58.5	60.1	60.6
Germany	56.4	56.8	58.3	58.2	59.5	59.6	58.1	59.3	60.0	60.6	62.5	63.3
France	53.6	52.2	53.3	55.1	53.8	54.8	54,9	55.8	56.1	56.1	57.7	58.8
Italy	53.0	55.0	55.7	56.2	55.1	55.2	55.1	56.3	56.3	57.8	58.3	57.4
Spain	55.6	54.8	53.9	54.5	55.4	54.7	54.0	52.4	54.3	55.8	56.1	55.8
Greece	46.6	47.7	46.7	48.2	49.6	50.5	50.5	52.2	52.8	52.1	52.2	53.1
UK	55.4	54.6	54.3	57.1	56.4	54.2	55.3	56.8	56.1	56.3	58.2	56.3
Australia	51.2	59.3	57.5	59.2	54.8	55.0	56.0	59.8	54.2	51.1	57.3	56.2
Japan	52.7	53.3	52.4	52.7	53.1	52.4	52.1	52.2	52.9	52.8	53.6	54.2
China	51.0	51.7	51.2	50.3	49.6	50.4	51.1	51.6	51.0	51.0	50.8	51.5
China(NBS)	51.3	51.6	51.8	51.2	51.2	51.7	51.4	51.7	52.4	51.6	51.8	51.6
Korea	49.0	49.2	48.4	49.4	49.2	50.1	49.1	49.9	50.6	50.2	51.2	49.9
Taiwan	55.6	54.5	56.2	54.4	53.1	53.3	53.6	54.3	54.2	53.6	56.3	56.6
Indonesia	50.4	49.3	50.5	51.2	50.6	49.5	48.6	50.7	50.4	50.1	50.4	49.3
India	50.4	50.7	52.5	52.5	51.6	50.9	47.9	51.2	51.2	50.3	52.6	54.7
Russia	54.7	52.5	52.4	50.8	52.4	50.3	52.7	51.6	51.9	51.1	51.1	52.0
Brazil	44.0	49.6	49.6	50.1	50.2	50.5	50.0	50.9	50.9	51.2	53.5	52.4
Mexico	50.8	50.6	51.5	50.7	51.2	52.3	51.2	52.2	52.8	49.2	52.4	51.7
#countries above 50*	14	13	14	15	14	16	14	16	17	16	17	15

Developed and emerging market manufacturing PMI

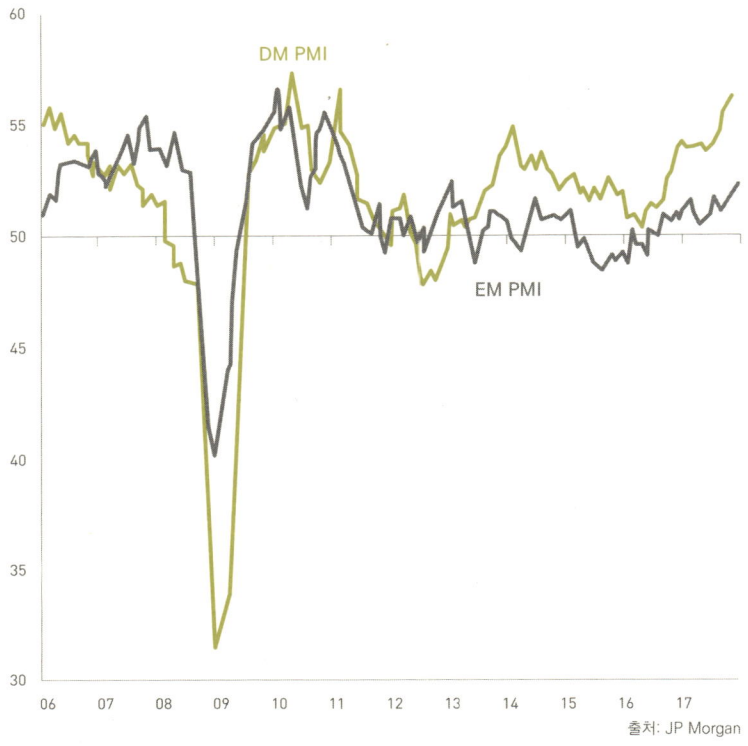

출처: JP Morgan

　이 자료를 통해 경제를 전망한다면 2018년은 이머징 국가(EM)보다 선진국(DM)이 더 나을 것이라 판단할 수 있습니다. 선진국 지수가 56.3으로 이머징 국가의 52.2보다 크기 때문입니다. 또한 이 자료를 보는 글로벌 펀드매니저는 주식시장 비중을 줄이는 나라로 한국(49.9)과 인도네시아(49.3)를 선택할 확률이 높습니다. 실제 당시 많은 증권 전문가의 KOSPI 전망이 2,800에서 3,100을 육박했지만, 결국 주가지수는 하락했습니다. 단순하지만 이렇게 제조업 PMI 지수는 자산시장 전망에 탁월한 성과를 나타냈습니다. 미국, 유럽, 중국 같은 글로벌 국가 분석에도 활용하기 적합합니다.

2) 국내 시장에 적용하기 적합한 재고순환선

2006년 어느 날 삼성경제연구소의 리포트를 보고 처음 재고순환선을 알게 되었습니다. 한국 최고 기업 집단인 삼성은 어떻게 미래를 예측하고 판단하여 의사결정을 하는지 궁금해하던 차에 「재고 흐름과 경기」 라는 보고서가 눈에 들어왔습니다. 전 산업 및 업종별 미래 전망에 재고순환선이 활용되었습니다.

삼성경제연구소 자료를 요약하면 다음과 같습니다.

[재고흐름과 경기]

경기	출하	재고	출하-재고
회복기	+	−	플러스
호황기	++	+	플러스
후퇴기	+	++	마이너스
침체기	−	+	마이너스

제조업 활동을 단순히 두 가지로 구분하면 '만드는' 생산과 '파는' 영업으로 나눌 수 있습니다. 실제 사례를 통해 분석해 보겠습니다.

[생산자제품 출하지수와 재고지수]

생산자제품 출하지수(원계열)			생산자제품 재고지수(원계열)		
연도	2015 = 100	전년 동기 대비(%)	연도	2016 = 100	전년 동기 대비(%)
1999	44.8	25.8%	1999	42	2.4%
2000	52.4	17.0%	2000	47.3	12.6%
2001	52.8	0.8%	2001	47.5	0.4%
2002	57	8.0%	2002	47.2	−0.6%
2003	59.7	4.7%	2003	50.2	6.4%
2004	65.4	9.5%	2004	55	9.6%
2005	69	5.5%	2005	57.8	5.1%
2006	74.5	8.0%	2006	63.2	9.3%
2007	79.9	7.2%	2007	66.7	5.5%
2008	81.8	2.4%	2008	71.4	7.0%
2009	80.6	−1.5%	2009	65.8	−7.8%
2010	92.3	14.5%	2010	77.4	17.6%
2011	97.5	5.6%	2011	89	15.0%
2012	98.9	1.4%	2012	92.9	4.4%
2013	99.7	0.8%	2013	97	4.4%
2014	99.7	0.0%	2014	94.6	−2.5%
2015	100	0.3%	2015	99.7	5.4%
2016	101.5	1.5%	2016	97.5	−2.2%
2017	102.4	0.9%	2017	105.3	8.0%
2018	102.2	−0.2%	2018	113.7	8.0%

출처: 한국은행 경제통계시스템

이미 답을 알고 있는 우리에게 2007년은 고성장과 저물가가 만났던 골디락스의 계절이라 주식이 최고의 자산이었고, 2008년은 저성장과 고물가가 만났던 스태그플레이션의 계절이라 장기채가 최선의 선택이었으며 주식은 최악의 자산이었습니다.

경기 지표를 알았다면 예측할 수 있었을까요?

2007년에 출하는 7.2% 성장하였고 재고는 5.5% 성장하였습니다. 가장 대표적인 제조업체인 현대차를 예로 설명해 보겠습니다. 2006년 현대차가 제네시스를 총 200대 생산하여 그중 100대가 팔리고 100대가 재고로 남았다고 가정해 보죠. 2007년에 출하를 7% 늘렸는데 재고가 5% 늘었다면, 214대를 만들어서 105대가 남았다는 뜻입니다. 2006년에 팔린 자동차는 100대이지만, 2007년은 109대입니다. 그럼 현대차에 어떤 일이 일어날까요?

[출하와 재고 예시]

연도	출하	재고	판매
2006	200	100	100
2007	214	105	109

현대차(한국 제조업)는 매출액이 상승하니 영업이익과 순이익도 증가합니다. 이를 확장하면 국내 주식시장은 제조업의 실적 상승이 미래 주가를 상승시킬 것이라 판단할 수 있습니다.

그럼 2008년에는 어떤 일이 있었을까요? 편의를 위해 다시 2007년을 200과 100으로 재조정하였습니다.

[출하와 재고 예시]

연도	출하	재고	판매
2007	200	100	100
2008	205	107	98

2008년에 출하는 전년 대비 2.4% 성장하였고 재고는 7.0% 성장하였습니다. 생산 증가에 비해 재고 증가 폭이 더 크고 판매는 줄어들었습니다. 이는 매출액과 영업이익, 순이익의 하락을 의미합니다. 즉, 경기 하락과 실적 하락은 주가 하락으로 이어질 것입니다.

다음은 논란의 해였던 2009년입니다. 2009년은 당시 FRB 의장이던 앨런 그린스펀(Alan Greenspan)조차 '100년에 한 번 일어날 만한 대재앙'이라 칭한 해였습니다. 주가지수는 1,000포인트에 머물렀지만 대부분 투자자들이 500포인트까지 하락할 것이라고 두려워하던 시기였습니다.

2009년은 출하가 1.5% 하락, 재고가 8% 하락이니 재고순환은 다음과 같습니다.

[출하와 재고 예시]

연도	출하	재고	판매
2008	200	100	100
2009	197	92	105

보시다시피 2009년은 출하보다 재고가 더 크게 하락한 시기입니다. 이는 의외로 경기가 좋아 기업 실적 역시 양호할 것임을 의미합니다. 그해 주가는 70% 상승한 1,700포인트 수준에서 마무리되었습니다.

1930년 대공황과 2008년 서브프라임 위기에는 차이가 있었습니다. 대공황 때 문제가 되었던 기업들의 과도한 부채와 설비,

재고가 존재하지 않았다는 점입니다. 그린스펀의 우려는 현실로 나타나지 않았습니다.

재고순환선을 이해하기 위해 다소 복잡한 사례를 이용했지만, 실제 사용법은 간단합니다.

[재고순환]

연도	출하	재고	재고순환
2007	7	5	2
2008	2	7	-5
2009	-2	-8	6

2007년은 경기와 실적이 상승, 2008년은 하락, 2009년은 다시 상승으로 판단할 수 있습니다. 출하에서 재고를 뺀 값이 재고순환이고, 이 값이 플러스면 상승, 마이너스면 하락입니다.

더 나아가 삼성경제연구소의 설명을 더해 세부적으로 구분하면 2007년은 경기 호황기이고, 2009년은 경기 회복기입니다. 그리고 2008년은 경기 후퇴기입니다.

너무 장기적이라 활용이 어려울 것 같다고요? 이 자료는 당연히 월간으로 더 나뉘어지고 이를 통해 경기가 좋아지는 시기와 하락하는 시기를 구분할 수 있습니다. 2016년부터 2018년까지만 분석해 보겠습니다.

[재고순환선]

출처: 한국은행 경제통계시스템

　자료를 보면 한국 경제는 2017년 1월 상승으로 전환했고, 2018년 1월에는 하락으로 전환했습니다. 지표를 보면서 자주 느끼는 감정은 실제 지표와 체감 지표가 너무 다르다는 것입니다. 2017년 1월은 세계 최강국인 미국에서 트럼프가 당선되어 아메리카 퍼스트(America First)를 외쳤고, 수출 위주 개방경제인 한국에 나쁜 영향을 미칠 것이라 생각되던 시점입니다. 국내에도 촛불집회가 한창이던 때라 정치 경제의 불확실성이 고조되던 시기입니다.

　하지만 놀랍게도 경기 지표는 좋아졌고, 저는 회사 홈페이지에 하우스 뷰(House View)를 올리면서 예금과 채권 비중을 줄이고 부동산과 주식 비중을 늘려야 한다고 주장했습니다. 또한 당시 책 출간을 앞두고 있었는데(『금융, 배워야 산다』, 2017년 1월 20일) 지표가 바뀌면서 내용을 수정하느라 생각보다 책이 늦게 출판되기도 했습니다.

반대로 2018년 1월은 나쁜 뉴스가 없던 시기입니다. 하지만 사람들의 체감과 달리 지표는 하락을 전망했습니다. 자산시장은 체감 지표가 아닌 경제 지표의 승리를 선언했고, 가장 성공적인 지표는 재고순환선이었습니다.

3) 국내외 경기 분석에 모두 쓰이는 OECD 경기선행지수

먼저 선행지수를 이해해야 합니다. 경제 전체를 분석하는 GDP는 분기에 한 번씩 자료가 발표되기 때문에 시의성(Timely)이 떨어집니다. 또한 GDP 구성 요소인 생산, 소비, 투자, 수출 등 '개별 경제 지표'는 전체 움직임을 파악하기에 어렵습니다.

전체 경제 상황을 진단하고 분석하기 위해 만들어진 자료가 종합경제지표이며 경기선행지수, 동행지수, 후행지수로 나뉩니다. 선행지수는 이름 그대로 미래 경기를 예측하기 위한 지수입니다. 동행지수는 현재 경기를 측정하기 위해, 후행지수는 경기가 예측처럼 진행되었는지를 사후에 확인하기 위해 만들어진 지수입니다.

자산시장을 분석하려면 경기를 전망해야 하는데, 이때 경기선행지수가 유용합니다. 경기선행지수는 미래 경기 전망에 적합한 개별 지표를 선정하고, 이를 통계적으로 가공하고 종합하여 만들어진 지표입니다. 우리나라 통계청은 다음과 같은 지표를 활용하여 경기를 판단합니다.

[경기선행종합지수 구성 지표]

경제부문	지표명	내용	작성기관
생산	재고순환지표	생산자제품 제조업 출하 전년 동월비 − 생산자제품 제조업 재고 전년 동월비	통계청
생산,소비	경제심리지수	BSI(32개), CSI(17개) 중 경기대응성이 높은 7개 항목의 가중평균	한국은행
투자	기계류 내수출하지수	설비용 기계류에 해당하는 69개 품목(선박 제외)	통계청
	건설수주액(실질)	종합건설업체의 국내건설공사 수주액	통계청
대외	수출입 물가비율	$\frac{수출물가지수}{수입물가지수} \times 100$	한국은행
금융	코스피	월평균	한국거래소
	장단기금리차	국고채 유통수익률 (5년, 월평균) − 무담보 콜금리 (1일물, 중개거래, 월평균)	한국은행

출처: 통계청

    통계청은 경기 전망 능력을 높이기 위해 지표를 교체하기도 하고 계산법을 바꾸기도 하면서 시장에 적절히 대응하려 노력합니다. 현재 사용되고 있는 7개 하위 지표 중 두 개가 재고순환지표와 코스피 지수입니다.

    우리나라에 통계청의 경기선행지수가 있다면 글로벌 국가에는 OECD 사무국에서 발표하는 OECD 경기선행지수가 있습니다. OECD 전체(Total) 경기선행지수를 비롯하여 33개 회원국의 개별 지수와 비회원이지만 주요한 6개 국가인 브라질, 중국, 인도, 인도네시아, 러시아, 남아프리카 공화국의 지수도 함께 제공합니다.

먼저 지표가 유용한지 살펴보겠습니다. 2007년 1월에서 2010년 12월까지 세계 경제의 두 축인 미국과 중국의 경기선행지수와 종합주가지수의 상관관계를 보면 다음과 같습니다.

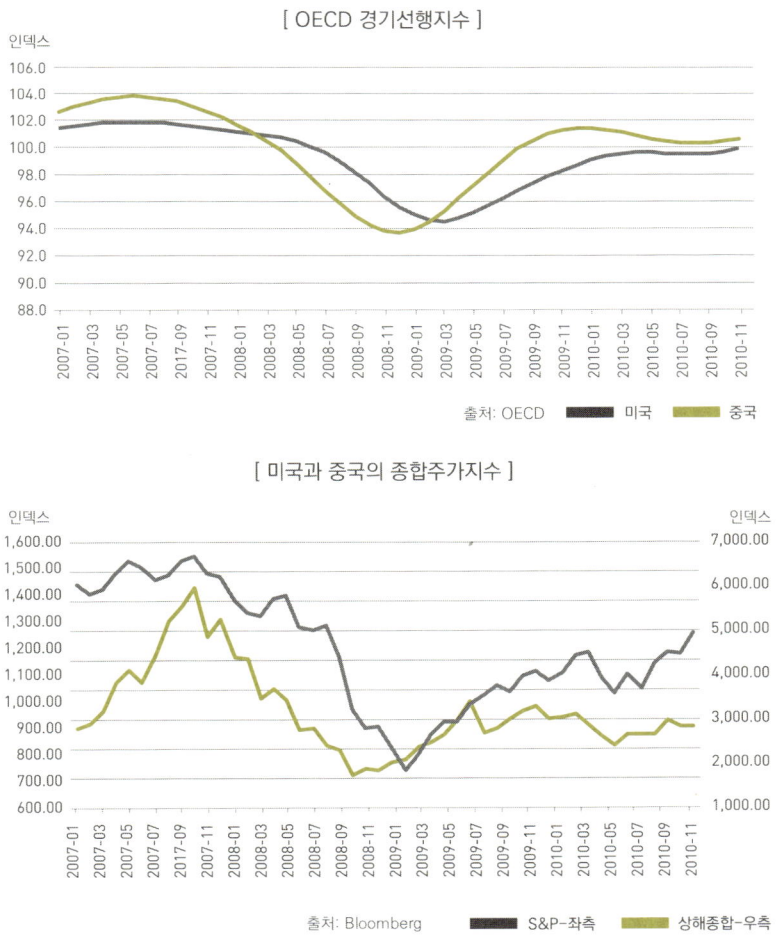

두 그림의 저점과 고점을 비교하면 주가지수와 경기선행지수의 높은 상관관계를 알 수 있습니다. 2007년 중반 중국의 경기선행지수 하락과 주가 하락 시점이 유사합니다. 경기선행지수의 하락 폭이 큰 만큼 주가 하락 폭도 컸습니다. 2009년 초에 중국 경기선행지수가 먼저 반등했고 미국은 2009년 중반에 반등했습니다. 주가 또한 중국이 먼저 상승세로 돌아섰습니다. 2010년 초 중국의 선행지수는 하락했지만 미국은 미미하게 상승세를 이어가고 있고, 자산시장도 이와 유사한 모습을 보입니다.

<u>OECD 경기선행지수는 미국, 중국, 유럽, 일본 등 선진국 투자나 중국, 인도, 러시아, 브라질 등 이머징 국가 투자 모두에 활용도가 높은 경제 지표입니다.</u>

4) 경기 지표를 활용하는 방법

지금까지 설명한 세 가지 지표를 요약하면 다음과 같습니다.

[경기 국면별 주요 경제 지코의 변화]

구 분	재고순환선		제조업 PMI	OECD 경기선행지수
	출하	재고		
회복기	+	−	50 이하에서 상승	100 이하에서 상승
호황기	++	+	50 이상에서 상승	100 이상에서 상승
후퇴기	+	++	50 이상에서 하락	100 이상에서 하락
침체기	−	+	50 이하에서 하락	100 이하에서 하락

이 지표를 어떻게 활용해야 가장 좋을까요? 빅데이터와 인공지능 시대에 맞게 '지표를 분석하고 결합하는 방법을 디지털화할까?' 하는 생각을 했습니다. 하지만 경기 주기와 진폭을 판단하는 더 나은 분석 방법은 디지털이 아니라 아날로그라는 생각이 들었습니다. FRB조차도 경기를 고성장과 저성장으로 구분할 수 있을 뿐입니다. 날씨로 이야기하면 더 더워지거나 더 추워지거나를 판단하는 수준에 불과합니다. 아직 경제 지표는 "현재 온도는 21.3도이고 내일은 23.5도 입니다."라고 말하지 못하는 수준입니다. 그래서 차트를 그려 놓고 ①오르내림을 판단하고, ②그 폭이 얼마나 큰지를 분석하여 자산시장을 전망하는 것이 낫다는 생각입니다.

오히려 어려운 부분은 지표들이 서로 다른 결과를 보일 때입니다. 제조업 PMI는 상승하는데 OECD 경기선행지수는 하락하는 경우가 이에 해당합니다. 세 가지 지표가 모두 동일한 결과를 제시하면 간단히 4계절 투자에 바로 활용하면 됩니다. 그런데 서로 다른 결과가 나타나면 저는 이를 간절기라고 받아들입니다. 예를 들어 제조업 PMI와 OECD 경기선행지수 모두 침체기였는데, 하나의 지표가 회복기 상태를 보이기 시작하면 겨울과 봄의 간절기로 판단합니다.

 **'경기선행지수가 경기를 선행한다'는 무슨 뜻인가요?**

20년 중 하루

> 싸부님…계시나요?
> 오후 03:15

> 응~
> 오후 03:15

> 고객이 경기가 어떠냐고 물으시길래 "데이터상으론 크게 나쁘진 않습니다."라고 답변을 드렸더니 말도 안 되는 소리 하지 말라고 하는 겁니다. 본인이 느끼는 경기는 완전 바닥을 치고 있다고요… IMF보다 못하다는데…
> 오후 03:18

> 그럴 수 있지.
> 오후 03:18

> 데이터상으론 분명 나쁘지 않은데 왜 다를까요? 데이터가 잘못된 걸까요? 아님 서로 보는 것이 다른 걸까요?
> 오후 03:19

Q 헷갈리는 게 있습니다. '경기선행지수는 경기에 선행한다'는 말이 있잖아요. 경기선행지수에도 경기가 있고, '경기를 선행한다'에도 경기가 있습니다. 앞의 경기와 뒤의 경기가 어떻게 다른가요?

A 하나는 자산시장 경기고 다른 하나는 실물시장 경기지. 115페이지의 그림 [통화정책이 거시경제에 영향을 미치는 경로]에서 설명했듯 자산가격 경로는 자산가격이 상승하면 소비가 살아나. 즉, 자산시장이 좋아지면 실물시장이 좋아지고, 자산시장이 하락하면 실물시장이 하락해. 자산시장이 실물시장을 선행하니 투자자는 경기 선행지표를 봐야 해. 그게 바로 제조업 PMI 지수, 재고순환선, OECD 경기선행지수야.

Q 그럼 **'자산시장 경기가 실물시장 경기를 선행한다'**라고 해석되겠군요. 경기선행지수의 경기는 자산시장 경기, '경기를 선행한다'의 경기는 실물시장 경기, 이렇게요.

A 맞아.

Q 또 궁금한 부분이 있습니다. 146페이지의 표 [경기선행종합지

Talk '경기선행지수가 경기를 선행한다'는 무슨 뜻인가요?

수 구성 지표]를 보면 경기선행지수에 종합주가지수가 포함되어 있습니다. 우리는 이 지표로 경기가 좋아질지를 예측하여 자산시장(주식시장)을 전망하고자 합니다. 그렇다면 주가로 주가를 전망하는 셈이 됩니다. 주가가 오르면 경기선행지수는 상승하고, 그러니 주가는 상승할 것이라고 이야기하고, 그럼 또 지수는 상승하고···. 이렇게 선순환으로 계속 이어지면 이 지표가 계속 유용할까요?

▲ 두 가지 이유로 그런 선순환은 계속 이어질 수 없어. 첫째, 주가가 경기선행지수 중 하나의 항목이지만 전부는 아니잖아. 우리나라 통계청 입장에서는 7개 중 하나일 뿐이고, OECD 사무국 입장에서는 6개 중 하나일 뿐이야. 그러니 주가가 하락해도 경기선행지수는 상승할 수 있고 반대 상황도 당연히 가능하지.

Q 경기에 선행하는 여러 가지 지표 중 하나일 뿐이라는 이야기군요.

▲ 맞아! 그리고 두 번째 이유는 4계절 투자의 가로축인 경기 이외에 세로축인 물가와 금리 상황에 따라 달라질 수 있다는 점이야. 고성장이어도 저물가인 골디락스 상황과 고성장, 고물가인 인플레이션은 다른 상황이니까! 그래서 우리는 물가를 정확히 알아야 할 필요가 있어.

3장
물가, 인플레이션 호랑이
+++

　과거로 돌아갈 수만 있다면 하고 싶은 일이 꽤 많습니다. 당시에는 몰랐고 상황이 애매했지만, 시간이 지나 자연히 알게 되거나 명백한 답을 보여 주는 것들이 있습니다. 1970년대로 돌아갈 수 있다면 금을, 80년대로 갈 수 있다면 일본 주식을, 90년대로 돌아간다면 강남 부동산을 사야 합니다.

　그런데 과거로 돌아가서 현금을 보유해야 한다고 생각하는 사람은 아무도 없을 것입니다. 현금은 가장 최악의 투자 수단이었습니다. 1971년 286(십억 원)이던 본원통화˙는 2018년 말 164,963(십억 원)으로 무려 578배 상승했습니다. 연평균 상승률이 무려 14.2%입니다. 시중에 풀린 돈을 측정하는 광의통화˙는 1986년 47,906(십억 원)에서 2018년 2,626,902(십억 원)으로 55배 증가했고, 연평균 상승률은 12.9%입니다.

　달리 설명하면 돈의 가치가 1971년 이래 1/500로, 1986년 이래로는 1/50로 하락했다는 뜻입니다. 연평균 13%~14%씩 떨

˙ 본원통화
한국은행이 지폐 및 동전 등 화폐 발행의 독점적 권한을 통하여 공급한 통화

˙ 광의통화
요구불예금 및 저축성예금과 외화예금을 합한 것으로 즉시 현금화할 수 있는 화폐의 총합을 일컫는 말이다.

어진 셈입니다. 지난 50년간 정기예금의 평균 금리가 13~14%라면 예금 잔고는 물가 수준을 맞출 수 있었던 것입니다.

지난 50년간 풀린 돈에 의해 돈의 가치는 하락했고, 그만큼 물가는 올랐습니다. 원자재, 주식, 부동산 등이 더 나은 투자 수단이었지만 변동성을 감안하면 최적의 투자 시점은 달랐습니다. 지난 50년간 고성장했지만 고성장, 고물가에서는 원자재가 나은 자산이고, 고성장, 저물가일 때는 주식이 더 나은 수단입니다.

따라서 경기와 함께 봐야 할 중요한 지표가 바로 물가입니다. 사실 물가 지표가 경기 지표보다 더 중요하다고 보아야 합니다. 물가는 통화정책의 중심이며 정책금리를 올리고 내리는 기준이 되기 때문입니다. 물가가 오르면 정부는 정책금리를 올리고, 주식과 채권 같은 화폐자산의 가치는 하락합니다. 물가가 오르면 원자재 같은 실물자산이 유리합니다. 금융자산 중에서는 예금이 상대적으로 가장 나은 수단입니다. 물가가 떨어지면 화폐가치가 상승하니 주식과 채권을 가지고 있으면 유리합니다.

먼저 고물가와 저물가의 기준부터 이야기해 보겠습니다.

1) 선진국과 이머징 국가는 물가 목표와 변동성이 다르다

각 국가의 중앙은행은 모두 물가 목표치(Inflation Target)가 있습니다. 선진국인 미국과 유럽 그리고 일본은 목표치가 2%입니다. 우리나라도 선진국 수준인 2%입니다. 이머징 국가인 중국은 3%, 브라질은 4.5%+/-1.5%, 인도는 4%+/-2%, 러시아는 4%를 목표로 하고 있습니다.

[주요국 중앙은행의 물가 목표치]

국가	중앙은행	목표치
미국	Federal Reserve	2.00%
유럽	European Central Bank	< 2.00%
일본	Bank of Japan	2.00%
대한민국	Bank of Korea	2.00%
중국	People's Bank of China	around 3.00%
브라질	Central Bank of Brazil	4.50%+/-1.5%
인도	Reserve Bank of India	4.00%+/-2.0%
러시아	Bank of Russia	4.00%

출처: Central Bank News

 물가는 낮을수록 좋은 것 아닌가요?

20년 중 하루

👤 스승님!
오후 02:09

👤 물가에 대해 궁금한 것이 있습니다.
오후 02:09

말해 봐~
오후 02:10

👤 한국은행이 금리 인하를 하면 채권시장도 주식시장도 좋아집니다.
오후 02:11

👤 금리 인하를 지속적으로 하면 주식도 좋고 경기도 좋아지는데 왜 금리를 동결하거나 반대로 인상을 하게 되나요?
오후 02:12

금리정책의 가장 중요한 목표는 물가안정이야. 한은의 목표는 첫째도 둘째도 셋째도 물가안정이야.
오후 02:15

Q 왜 물가 목표가 마이너스인 나라는 없을까요? 0%인 나라도 없고요! 4계절 투자법에 따르면 물가가 낮은 상황이 자산가격 상승에는 유리한데요. 그럼 물가가 아예 오르지 않는 0%나 마이너스면 투자에 더 유리하지 않을까요?

A 물가를 혈압이라고 생각하면 이해가 쉬워! 고혈압도 위험하고 저혈압도 위험하지. 물가가 너무 높은 고혈압을 하이퍼인플레이션이라고 하지. 최근 베네수엘라가 그런 상황이야. 베네수엘라는 물가 상승률이 100,000%가 넘어. 물가가 매달 100%씩 오른다고 가정해 봐. 그럼 어떤 일이 벌어질까?

Q 물가 상승률 100,000%요? 감이 전혀 오질 않습니다.

A 예를 들어 지난달에 콜라가 1,000원이었는데 이번 달은 2,000원, 다음 달은 4,000원, 그다음 달은 8,000원, 이런 식이라면 사람들이 콜라를 살 수 있을까? **하이퍼인플레이션이 발생하면 소비자들이 '못 사서' 경기가 하락하지.**

Q 고혈압은 이해가 됩니다. 하지만 저혈압은 무슨 문제가 있을까요? 물가는 낮으면 낮을수록 좋을 것 같은데요.

▲ 물가가 저혈압인 경우를 생각해 보자. 얼마 전까지 일본이 이런 상황이었지. 물가 상승률이 -2%야. 디플레이션이지. 오늘 물건 가격이 1,000원이지만, 시간이 갈수록 물건 가격이 하락하는 상황을 의미해. 900원, 800원 이런 식으로. 디플레이션에 소비자들은 어떻게 반응할까?

Q 싸니까 많이 사려고 하지 않을까요?

▲ 단기적으론 그럴 수 있지만 장기적으론 최소한만 사려고 할 거야. 오늘보다 내일 가격이 더 떨어질 테니까. 사과 1개, 두부 1모, 참치회도 최소한만 사는 소비 패턴은 결국 디플레이션이 만든 문화라고 봐야 해. **물가가 마이너스 상태가 되면 소비자들이 '안 사서' 경기 하락이 발생하지.**
고혈압은 위험하고 저혈압은 더 위험해. 그래서 물가는 플러스 상태여야 해! 하지만 너무 높아서도 안 되지.

Q 그렇군요. '물가는 낮아지는 것보단 조금씩 올라야 더 좋다. 오르는 폭은 적정 혈압에 맞춰져야 한다' 정도로 이해가 됩니다. 그런데 나라마다 물가 목표치가 다른 이유는 뭘까요? 선진국은 낮은 편이고, 이머징 국가는 높은 편인데요.

물가는 낮을수록 좋은 것 아닌가요? Talk

▲ 한국이 변화를 가장 잘 보여 준 것 같아. 가난한 후진국이던 대한민국이 지금은 선진국 대열에 들어섰지. 예전에 가장 중요했던 소비는 먹는 것이었어. 식료품이 곧 물가였지! 하지만 이제는 소비에서 중요한 부분이 전월세, 스마트폰 요금, 기름값 등 주거비, 통신비, 교통비로 바뀌었지.

나라마다 물가 목표치가 다른 이유는 경제 규모와 구성이 달라서야. 농업 같은 1차산업 중심 국가, 제조업 같은 2차산업 중심 국가, 서비스업 같은 3차산업 중심 국가는 물가 구성이 다르겠지.

대략적으로 1인당 GDP가 낮은 나라는 생계비 중에 식료품이 차지하는 비율인 엥겔지수가 높고 물가 목표치도 높은 경향이 있어. 반대로 1인당 GDP가 높은 나라는 물가 목표치가 낮은 특성이 있지.

그래서 중국, 러시아, 인도 등 이머징 국가는 물가 목표 수준이 높고, 미국, 유럽, 일본 같은 선진국은 낮은 거야. 우리나라도 2014년~2015년까지는 3%를 목표 수준으로 잡았지만, 2016년 이후로는 2%를 목표로 하고 있어.

2) 물가가 자산시장에 미치는 영향

우리에게 물가가 왜 중요할까요? 자산시장에 미치는 영향이 크기 때문입니다. 경제는 골디락스, 리세션, 인플레이션, 스태그플레이션으로 나뉜다고 말씀드렸습니다.

그런데 골디락스나 스태그플레이션처럼 고성장, 저물가 혹은 저성장, 고물가는 잘 나타나지 않습니다. 경제 성장률이 높으면 물가 상승률도 자연스레 올라가기 마련이고, 저성장은 저물가를 만들기 마련입니다. 대부분 선진국은 저성장 저물가가, 이머징 국가는 고성장 고물가가 나타납니다.

선진국과 이머징 국가 중 어느 나라 주식에 장기 투자하면 좋을까요? 하나를 고른다면 저성장 저물가인 선진국이 적합합니다. 저물가는 저금리를 만들지만, 고물가는 고금리를 만들기 때문입니다.

그림, 수식, 그리고 사례분석을 통해 총 3번에 걸쳐 설명해 보겠습니다. 아주 중요한 개념인데 직관적인 이해가 쉽지 않습니다.

먼저 그림으로 알아보죠. 물가가 하락하면 화폐자산인 예금, 채권, 주식은 모두 가치가 상승하는데 기간이 긴 자산의 상승 폭이 더 큽니다. 시소를 생각하면 이해가 쉬워집니다.

반면 물가가 오르면 화폐자산 가치는 하락합니다. 만기가 긴 채권이나 아예 만기가 없는 주식을 생각해 볼까요? 물가가 오르면 예금보다 채권, 채권보다는 주식이 많이 하락합니다.

[물가 변동에 따른 자산가격의 변화]

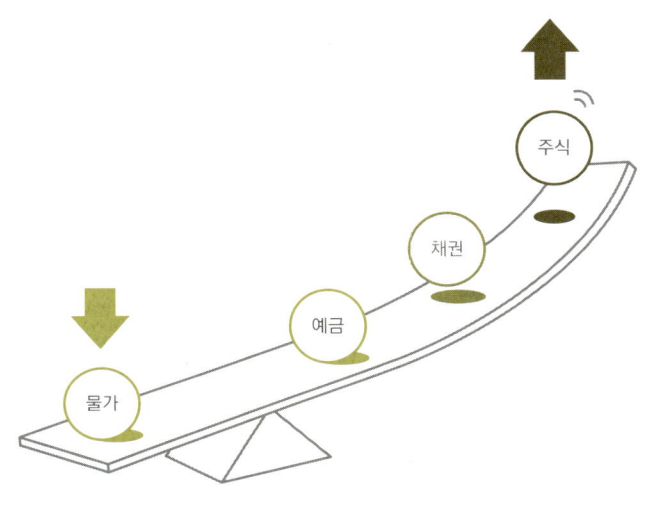

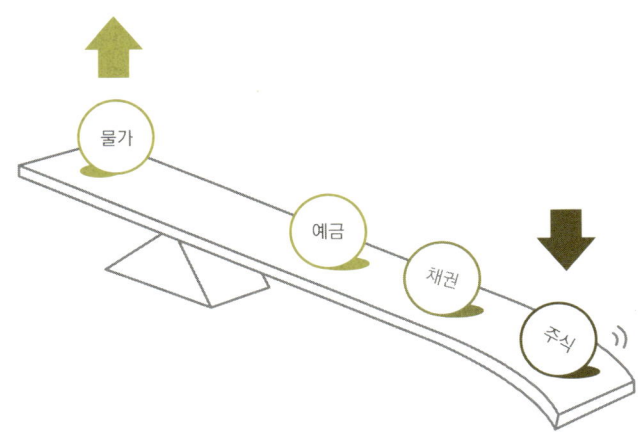

　장기채권과 주식은 모두 시소 끝자락에 존재하는 화폐자산입니다. 그래서 물가 움직임에 따라 화끈하게 상승하고 화끈하게 하락합니다.

두 번째는 수식입니다. 채권이나 주식 같은 금융자산 가치를 수식으로 설명하면 다음과 같습니다.

[투자 가치 이론(Theory of Investment Value)]

$$PV = \sum_{i=1}^{n} \frac{CF}{(1+r)^i}$$

현재가치(Present Value), 현금흐름(Cashflow), 할인률(r)

채권은 미래에 이자와 원금이라는 현금흐름(Cashflow)을 만듭니다. 주식은 배당금 혹은 잔여 이익 같은 현금흐름(Cashflow)을 만듭니다. 그런데 채권과 주식의 정확한 가치를 파악하려면 현금흐름 이외에 하나의 수식을 더 알아야 합니다. 1년 뒤에 받는 1,000원과 10년 뒤에 받는 1,000원은 가치가 다르기 때문입니다. 1년 뒤에 받을 1,000원의 배당과 30년 뒤에 받을 1,000원의 가치는 당연히 더 차이가 납니다. 그래서 미래 현금흐름을 현재 가치로 계산하기 위해 할인률을 적용해야 합니다.

채권은 미래 현금흐름이 정해진 자산(Fixed Income)이고, 주식은 미래 현금흐름이 변화하는 자산이라는 차이점이 있습니다. 하지만 둘 모두 미래에 발생할 현금흐름에 할인이 적용된 값, 즉 미래 현금흐름의 현재 가치(Present Value of Future Cashflow)라는 공통점도 있습니다.

할인률이 높아지면 현재 가치는 하락하고 할인률이 낮아지면 현재 가치는 상승합니다. 할인율을 중력이라고 생각하면 이해에 도움이 될 듯합니다. 중력이 커지면 가격은 하락하고 중력이 작아지면 가격은 올라갑니다.

물가가 상승하면 금리가 오르고, 금리가 오르면 분모에 있는 할인율, 즉 중력이 커집니다. 커진 중력은 금융자산 가치를 떨어뜨립니다. 특히 장기채권과 주식은 모두 중력의 영향을 크게 받습니다. 물가 상승은 화폐자산의 가장 큰 적인 셈입니다.

끝으로 위의 이론 수식이 실제 가격에 어떤 영향을 미쳤는지 사례를 통해 알아보겠습니다.

중국과 베트남은 2007년에 엄청난 고성장을 보인 국가들입니다. 모두가 앞다투어 중국과 베트남펀드를 사기 시작했고, 주가도 고공 행진을 보였습니다. 하지만 2008년 서브프라임 위기로 주가가 하락했는데 그 폭이 엄청났습니다.

[상해 주가지수]

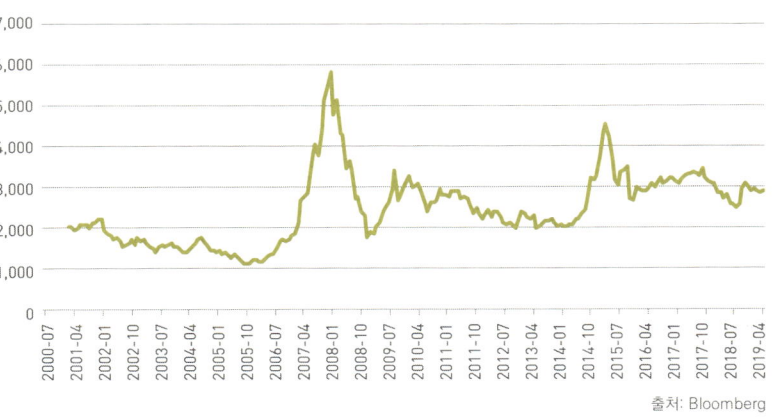

출처: Bloomberg

[베트남 주가지수]

출처: Bloomberg

중국과 베트남의 주가 급락은 경기 요인만으로는 설명되지 않습니다. 수식의 분자(경기, 실적)뿐만 아니라 분모(금리, 할인율)를 함께 고려해야 합니다.

이 부분에서는 재무 계산기나 엑셀이 필요합니다. 물가 상승이 어떻게 할인율과 주가에 영향을 미쳤는지 수식으로 계산하면 다음과 같습니다.

2007년 중국의 물가 상승률은 2% 수준이었는데 2008년에 8.4%까지 올랐습니다. 물가 상승 폭을 할인율로 놓고 하락분을 계산하면 장기 자산인 주식 가치는 -45.6%가 나옵니다. 실제로도 상해지수는 -50%에 가까운 하락을 보였습니다.

베트남의 경우는 더욱 극적입니다. 서브프라임과 아무런 관련이 없는 국가임에도 불구하고 주가가 -70% 수준까지 하락했습니다. 2007년 8% 수준이던 베트남 물가 상승률은 2008년에

25%로 올랐습니다. 이를 수식에 대입하면 장기 자산인 주식 가치는 −76.8%가 나오는데 실제 하락 폭과 비슷한 수치입니다.

미국 사례도 살펴보겠습니다. 버핏의 주주총회 의사록에 나온 글 중 일부분입니다. 요즘에는 미국의 3% 경제 성장률을 깜짝 경제 성장이라고 할 만큼 저성장이 당연해 보이지만, 한때는 지금의 중국처럼 고도성장하던 시절이 있었습니다.

[미국의 명목성장률과 주가]

구 분	명목GDP 성장률	명목금리	주가(DJIA)
1964년		4.18	874.13
1981년	373%	13.72	875.00
1999년	177%	4.65	9181.43

출처: Berkshire Hathaway

1964년에서 1981년까지 17년간은 미국이 고도성장하던 시기였고, 다음 17년간인 1981년에서 1999년까지는 저성장 시기였습니다. 주가를 경기만 보고 판단한다면 앞의 17년은 주가 상승률이 높아야 하고, 다음 17년은 낮아야 하지만 그렇지 않았습니다.

이유는 고성장이 고물가와 고금리(13.72%)로 이어졌기 때문이고, 저성장 시기는 저물가와 저금리(4.65%)가 발생했기 때문입니다. 앞의 17년간 미국 주가는 겨우 0.1% 상승했지만, 미국이 저성장으로 돌아선 17년간은 낮은 물가와 금리 덕분에 10배 이상 크게 올랐습니다.

주식에게 최고의 시기는 고성장과 저물가 상황이고, 그다음으로 좋은 시기는 저성장과 저물가 상황입니다. 그만큼 자산시장에서 물가는 중요한 요인입니다.

 **미국 주식과 중국 주식을 투자하는 더 나은 방법은?**

20년 중 하루

> 중국 주가의 변동성이 물가와 관련 있다는 것을 알고 나니 비밀이 풀린 듯합니다.
> 오전 09:47

> 주가는 실적과 실적평가로 구분되는데 실적평가에 바로 물가가 작동하지.
> 오전 09:48

> 그래도, 고성장하는 나라가 주가 상승 폭도 크니까 적절한 전략이 필요한 것 같은데요?
> 오전 09:50

> 선진국과 이머징 국가를 구분한 투자 전략을 이야기하면⋯.
> 오전 09:51

미국 주식과 중국 주식을 투자하는 더 나은 방법은?

Q 중국이나 베트남 같은 고성장 국가에 장기 투자하면 돈을 벌 수 있다는 이야기는 그럴듯하지만 실제와 다른 이유가 바로 물가에 있었군요.

A 그렇지. 고성장하는 이머징 국가에 투자할 때 경기보다 더 큰 걱정은 사실 물가야. 이머징 국가는 물가 변동이 심하기 때문에 주가 변동 폭도 클 수밖에 없어. 그래서 이머징 국가는 사는 것만큼이나 파는 것도 중요하지. 반면 선진국은 물가가 안정된 경우가 많아. 그러니 주가가 오히려 안정적이지.

Q 선진국과 이머징 국가에 투자할 때 어떤 전략이 좋을까요?

A 상대적으로 물가가 안정된 선진국은 매수 보유(Buy and Hold) 전략을 쓸 수 있지만, **물가 변동이 심한 이머징 국가는 매수 매도(Buy and Sell) 전략을 쓰는 편이 낫겠지.**

3) 근원물가가 진짜

예전에 그런 농담을 들은 적이 있습니다. 세상 모든 것이 다 올라가는데 안 오르는 두 가지가 있는데, 하나는 남편 월급이고 하나는 아이 성적이라고요. 올라가는 세상 모든 것은 물가 지표들입니다.

이렇듯 자산시장에 참가하지 않는 사람에게도 물가는 중요한 지표입니다. 물가가 구매력을 나타내기 때문입니다. 월급이 500만 원일 때 짜장면이 5,000원이었는데, 월급은 안 오르고 짜장면 가격만 6,000원으로 오른다면 슬픈 일입니다. 내 돈의 가치는 하락했는데 물가는 올랐기 때문입니다.

분명 짜장면, 김치찌개 모두 가격이 올랐는데 뉴스에서 물가가 겨우 1% 올랐다고 하면 참으로 난감합니다. 뉴스에서 말하는 물가는 대체 무슨 물가라는 말인가요?

[물가지수]

통계 구분	통계 지표	시점	원자료	단위
물가	소비자물가지수	201911	104.87	2015=100
	농산물 및 석유류 제외 소비자물가지수	201911	105.22	2015=100
	생활물가지수	201911	105.37	2015=100
	생산자물가지수	201910	103.61	2015=100
	수출물가지수	201910	99.04	2015=100
	수입물가지수	201910	108.45	2015=100
	주택매매가격지수	201910	100.3	2017.11=100
	주택전세가격지수	201910	96.6	2017.11=100
	지가변동률(전기 대비)	201910	0.336	%
	국제유가(Dubai)	201911	62.73	달러/bbl

출처: 한국은행

물가도 경기 지표만큼 다양합니다. 이 중 중요한 지표는 소비와 관련된 소비자물가지수입니다. 주로 뉴스에 나오는 물가는 소비자물가입니다.

그런데 핵심 경기 지표가 재고순환이었다면, 핵심 물가 지표는 근원물가지수입니다.

중앙은행은 소비자물가지수를 통해 경기의 과열 정도를 파악합니다. 그런데 소비자물가에 영향을 미치는 요소는 경기 요인뿐만 아니라 공급 요인도 있습니다. 예를 들어 아프리카 돼지열병 탓에 돼지고기 가격이 올라 물가가 상승할 수도 있고, 태풍으로 석유 생산 및 운반에 문제가 생겨 휘발유 가격이 오를 수도 있기 때문입니다. 하지만 이는 모두 일시적 현상입니다. 시간이 지나면서 돼지고기 가격은 다시 하락했고, 휘발유 가격도 안정화되었기 때문입니다.

그래서 정부는 공급 요인 물가에 해당하는 농산물과 석유류를 제외한 소비자물가를 별도로 발표하는데 이 지표가 바로 근원물가입니다.

소비자물가와 근원물가를 비교해 보겠습니다.

[소비자물가지수]

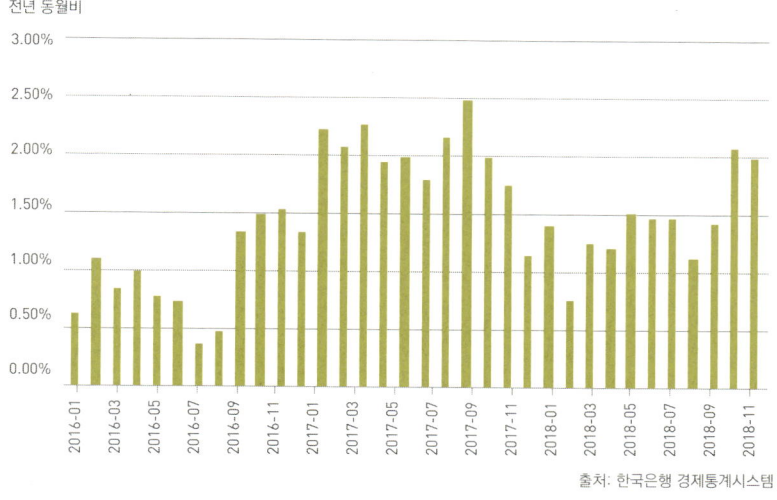

출처: 한국은행 경제통계시스템

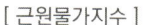

[근원물가지수]

출처: 한국은행 경제통계시스템

  2017년 1월에 우리나라의 소비자물가지수는 2%를 넘었지만, 근원물가지수는 1.5%였습니다. 당시 조류인플루엔자(AI)

파동으로 달걀값이 폭등하며 소비자물가가 올랐습니다. 하지만 이런 공급 요인은 일시적이었으며 결국 소비자물가는 시간이 지나자 근원물가 수준으로 하락했습니다. 그래서 근원물가가 핵심 물가 지표입니다.

미국은 이 지표를 음식료와 에너지를 제외한 개인소비지출(Personal Consumption Expenditure excluding food & energy)이라고 부릅니다.

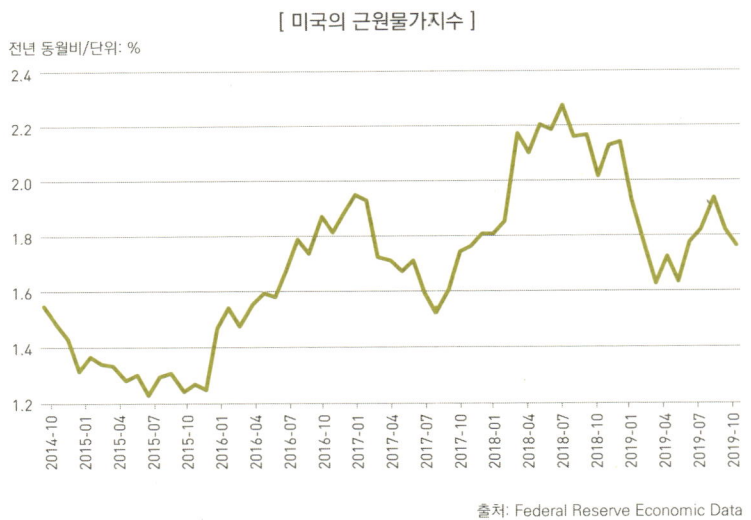

미국은 2016년부터 물가가 오르기 시작했으며, 2018년 2% 이상이던 물가 상승률은 2019년에 다시 2% 아래로 내려갔습니다.

　FRB는 물가가 오르기 시작하던 2015년 12월부터 금리를 인상하기 시작했고, 다시 2% 아래로 하락한 2019년에는 금리를 인하하기 시작했습니다.

 **정치가 물가에 영향을 주지 않나요?**

20년 중 하루

👤 2

 재밌는 기사를 봤습니다!
오후 01:02

정치성향이 경제에 주는 영향입니다.
오후 01:04

흥미롭군ㅎㅎ 이야기해 봐.
오후 01:04

 보수정권이 물가안정과 공기업 민영화로 경제안정을 이끌어 낸다는 내용이었어요.
오후 01:05

과연 그럴까?
오후 01:05

Q 브라질에서는 좌파인 호세프 정부 시절에 물가가 올라 경기가 망가졌는데, 우파 정부가 등장해 물가를 안정화시켜 경기를 살렸다는 기사를 본 적이 있습니다. 이 분석을 어떻게 생각하세요?

A 물가는 한 국가에서 통제 가능한 수준이 아니야. 예를 들어 1973년과 1979년에 1, 2차 석유 파동이 발생해서 전 세계에 고물가의 충격을 안겼지. 그 당시 세계 정부가 좌파라서 그랬나? 아니지. 당시엔 미국과 중동의 관계가 악화되면서 유가가 올랐기 때문에 전 세계가 고물가에 신음한 거야. 질문한 브라질 물가를 보자.

[브라질의 대통령(2003-2018)]

루이스 이나시우 룰라 다시우바
(Luiz Inácio Lula da Silva)
2003년 1월 1일 ~ 2010년 12월 31일

지우마 바나 호세프
(Dilma Vana Rousseff)
2011년 1월 1일 ~ 2016년 8월 31일

미셰우 미게우 일리아스 테메르 룰리아
(Michel Miguel Elias Temer Lulia)
2016년 8월 31일 ~ 2018년 12월 31일

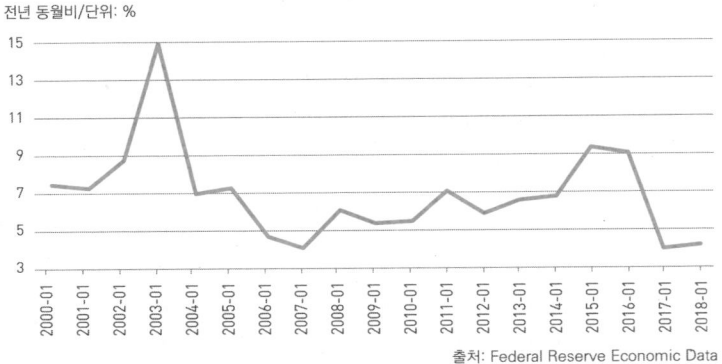

[브라질의 물가 상승률]

전년 동월비/단위: %

출처: Federal Reserve Economic Data

룰라는 좌파 대통령이었는데 당시 브라질은 물가 상승률이 15%에서 3%로 하락하던 시기였어. 당연히 경제도 좋았고 주식이나 채권 같은 자산가격도 좋았지. 그런데 다음 좌파인 호세프 대통령 시절에 물가가 큰 폭으로 올랐어. 그리고 기사에 나온 것처럼 그다음 우파 정부에서는 물가가 하락했지. 좌파와 우파라는 단순 논리로는 룰라 시대의 물가 하락을 설명할 수 없어. 성장의 우파와 복지의 좌파라는 점을 생각하면 물가 상승이 좌파 정부에서 다소 높을 수는 있겠지만, 핵심 요인이라고 보기는 어렵지.

물가에서 가장 큰 비중을 차지하는 유가는 글로벌 수요와 공급에 따라 변화해. 개별 국가가 통제할 수 없는 수준이지. 1973년과 1979년에 우리가 겪었던 두 번의 석유 파동은 우리 정부

정치가 물가에 영향을 주지 않나요?

탓이 아니야. 미국과 중동의 관계가 나빠졌기 때문이지. 그리고 1980년 이후 우리나라의 3저호황과 주가 상승은 전두환 정권의 업적이 아니라 미국과 중동의 관계가 좋았기 때문이지.

현재 전 세계적 저물가의 원인은 셰일가스*라는 신기술이야. 덕분에 미국은 중동 눈치를 보지 않아도 되는 세계 최대 산유국이 되었고, 저유가는 전 세계를 저물가로 만들고 있지. 그리고 그 힘이 채권, 부동산, 주식 같은 자산가격을 올리기도 하고 말이야. 세계화 시대에 물가는 국가를 넘어서는 글로벌 요인에 의해 변하고 있지.

---

* 셰일가스(shale gas)
기술 제약 때문에 오랫동안 채굴하지 못하다가, 2000년대 들어 수평정시추 등이 상용화되며 신에너지원으로 급부상하였다.

4장
금리, 정부와 시장의 대화

+++

　물가는 중앙은행만이 아니라 전문 투자자의 중요 관심사입니다. 물가가 오르면 중앙은행이 정책금리를 올리는데, 중앙은행의 의사결정에 영향을 미치는 또 다른 요소는 채권시장 참가자들입니다.
　물가의 등락에 따라 중앙은행은 정책금리를 올리고 내립니다. 그럼 모든 채권시장이 동일한 폭으로 오르거나 내릴까요? 아닙니다. 장기금리와 회사채금리는 다른 반응을 보이기도 합니다.
　2018년에는 정책금리가 올랐지만, 장기금리는 하락했습니다. 2019년 7월은 장단기금리가 함께 하락했고, 2019년 9월에는 정책금리 인하에도 불구하고 장기금리는 오히려 상승했습니다. 주식시장은 2019년 7월의 금리 인하에는 반응하지 않았지만, 2019년 9월의 금리 인하에는 큰 폭의 상승을 보이기도 했습니다. 이유를 알아보겠습니다.
　단기금리와 장기금리, 그리고 회사채금리는 어떻게 구성될까요? 이해를 위해 채권금리를 아주 간단하게 도식화하면 다음과 같습니다.

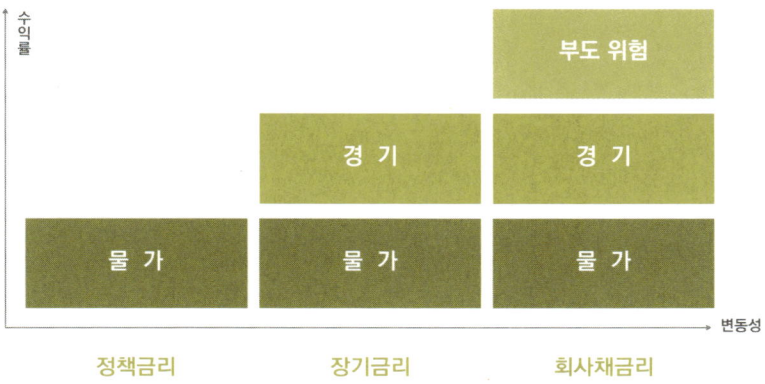

[금리와 구성 요소]

　　단기금리인 정책금리는 중앙은행이 물가를 근거로 결정합니다. 장기금리는 물가에 경기를 더한 값으로 결정되는데 그 주체는 수없이 많은 채권펀드매니저들 즉, 시장입니다. 회사채는 장기금리에 부도 위험이 더해져서 결정되며 이 또한 시장이 주체입니다. 채권금리는 경기, 물가 그리고 부도 위험이 각각 변화하며 움직입니다.

　　미국 채권시장에서 장단기금리 역전이 발생하면 전 세계 주식시장은 즉각 하락합니다. 위의 그림으로 이해하면 장단기금리의 역전은 시장 참가자들이 미래 경기를 마이너스, 즉 하락으로 판단한다는 뜻입니다. 전 세계 주식시장이 크게 하락하는 이유입니다.

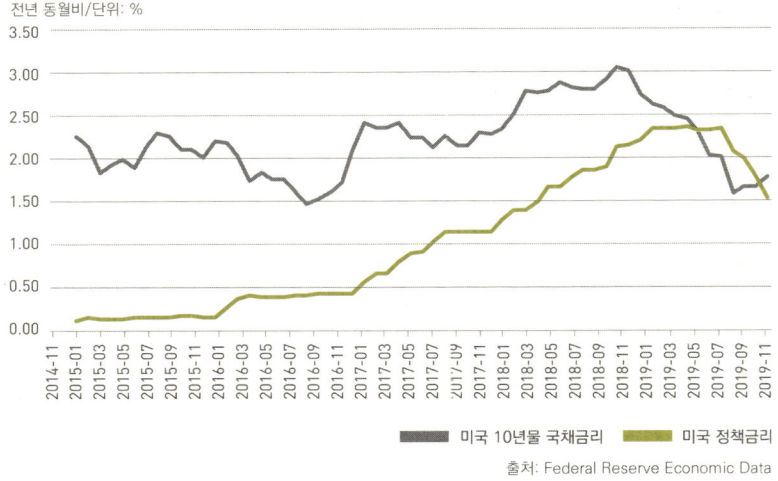

[미국 정책금리와 10년물 국채금리]

출처: Federal Reserve Economic Data

최근 5년간 자료를 보면 2019년 5월에 장단기금리(10년 국채금리-미 정책금리)가 역전되었습니다. 이후 FRB는 연속적으로 금리를 인하했습니다. 2019년 10월에 장단기금리는 정상인 플러스 상태로 복귀했고, 미국 주가도 10월 이후 다시 상승했습니다.

이처럼 채권시장에 이상현상이 생기면 많은 경제 전문가뿐만 아니라 정치권도 FRB에게 빨리 단기금리를 인하해서 장단기금리를 정상화하라고 요구합니다. 금리는 이렇게 정부와 시장 간 대화의 산물입니다.

경기 지표 중 제조업 PMI 지표가 구매 담당자의 의견이듯이, 다양한 금리 지표는 정부와 시장 참가자들의 의견입니다. 투자를 위해 반드시 알아야 할 3가지 부분이 있습니다. 정책금리 결정, 장기금리와 단기금리, 회사채금리와 국채금리입니다. 지금부터 하나씩 설명해 보겠습니다.

1) 역대 FRB 의장들과 제롬 파월 현 의장의 의사결정 기준

언제나 시장은 경기 부양을 위한 금리 인하를 원합니다. 하지만 중앙은행은 물가 인상이 과하지 않도록 때때로 금리를 올려 가파르게 상승하는 경기를 안정시키기도 합니다. 앞에서 주식과 채권의 할인율을 중력이라고 했는데, 할인율에 가장 큰 영향을 미치는 요소는 정책금리입니다. 정부는 금리를 통해 할인율, 즉 중력을 조정합니다. 돈의 가격인 금리를 이용해 자금을 배분하고 경기를 조절합니다.

세계 GDP의 25%, 세계 시가총액의 40%를 차지하는 미국의 통화정책은 투자 의사결정의 중요한 기준입니다. FOMC에 참석하는 10명의 사람들은 물가 관리를 더 중요하게 생각하는 매파와 경기를 더 중요하게 생각하는 비둘기파로 분류됩니다.

이 10명의 멤버와 자산시장에 참석한 사람들의 대화를 통해 채권시장이 변화하면, 부동산시장과 주식시장이 움직이고, 시차를 두고 생산과 소비의 실물시장에 영향을 미칩니다.

FRB의 통화정책을 파악하려면 먼저 대표인 의장의 의사결정 기준을 이해해야 합니다. 이는 투자 판단에 매우 중요합니다. FRB의 정책 동향을 감시하던 페드 워처(Fed Watcher)가 따로 있을 정도입니다.

역대 FRB 의장들은 비슷하면서도 조금씩 다른 방식으로 FRB를 이끌었습니다. 1987년 8월 취임한 앨런 그린스펀(Alan Greenspan)은 2006년까지 거의 20년을 연임할 만큼 탁월한 성과를 보였습니다. 재임 기간 동안 다우지수는 1,938에서 12,463으로 무려 540% 상승했고, 연간 상승률도 10%에 달합니다. 또 장기금리는 8.8%에서 4.4%로 하락해 채권시장도 안정되었습니다. 미국 GDP는 4,855(십억 달러)에서 13,037(십억 달러)로 늘어 실물경제 규모도 2.7배 상승했고, 세계 GDP도 33,691에서 95,039로 2.8배 상승했습니다. 실력과 운, 모두 좋았던 그는 경제 대통령으로 불리기에 충분했습니다.

하지만 2008년 서브프라임 위기가 터지면서 그의 명성에 흠이 생기기 시작했습니다. 그린스펀 금리정책의 핵심 원인은 물가였는데, 중국과 러시아 등 공산주의 국가들이 자본주의에 편입되면서 낮은 물가가 가능했습니다. 그래서 그린스펀은 정책금리를 1%까지 하락시켰고, 이것이 결국 자산가격 버블을 초래했다는 것입니다.

다음 FRB 의장인 벤 버냉키(Ben Bernanke)는 자산가격 버블 붕괴와 소비 급락에 따른 디플레이션 위협에 처하게 되었습니다. 그는 금리를 제로 수준으로 떨어뜨리고 양적완화*를 통해 문제를 해결했습니다. 그는 통화정책의 핵심 요소에 물가뿐만 아니라 자산가격도 포함시켜야 한다고 주장했습니다. 물

---

* 양적완화(Quantitative Easing)
중앙은행이 통화를 시중에 직접 공급해 경기를 부양시키는 통호정책

가가 낮아도 자산시장에 버블이 발생하면 금리를 올려야 한다는 뜻입니다. 그는 낮은 물가와 안정적인 자산시장으로 인해 금리 인상 없이 2006년에서 2013년까지 8년간 FRB 의장직을 완수합니다. 그의 통화정책을 사람들은 버냉키 독트린(Bernanke Doctrine)이라고 불렀습니다.

다음 FRB 의장인 재닛 옐런(Janet Yellen)은 버냉키가 의장이던 시절에 부의장을 지낸 인물입니다. 버냉키 독트린을 따랐으며 물가가 상승하자 금리를 지속적으로 올렸습니다. 짧은 의장 시절(2014~2018) 동안 옐런은 버냉키 독트린을 유지했습니다.

현재 FRB 의장인 제롬 파월(Jerome Powell)은 매파도 비둘기파도 아닌 '현명한 올빼미파'로 불리는 인물입니다. 초기에는 특별한 색깔이 없는 듯했으나, 현재는 나름의 독트린을 만들어 가는 것으로 보입니다. 그의 FOMC 리포트를 보면 이를 유추할 수 있습니다. 원문도 함께 읽으면 도움이 될 것 같아 덧붙입니다.

> In determining the timing and size of future adjustments to the target range for the federal funds rate, the Committee will assess realized and expected economic conditions relative to its maximum employment objective and its symmetric 2 percent inflation objective. This assessment will take into account a wide range of information, including ❶ measures

of labor market conditions, ❷ indicators of inflation pressures and inflation expectations, and ❸ readings on financial and international developments.*

그가 중점을 두는 요소는 아래의 3가지입니다.
❶ 고용시장 상황 (measures of labor market conditions)
❷ 물가 판단 (indicators of inflation pressures and inflation expectations)
❸ 자산시장 및 세계 경제 현황 (readings on financial and international developments.)

지금까지 언급한 FRB 의장들의 독트린을 요약하면 다음과 같습니다.

[역대 FRB 의장의 금리정책 고려사항]

구 분	물 가	자산시장	경기	해 외
그린스펀 독트린	미국 물가	-	-	-
버냉키(옐런) 독트린	미국 물가	미국 자산시장	-	-
파월 독트린(?)	미국 물가	미국 자산시장	미국 경기	글로벌 금융시장과 경제 상황

* 미 정책금리의 조정 시기와 금리 수준을 결정할 때 FOMC는 고용시장 상황, 인플레이션 압력과 인플레이션 기대치, 자산시장 및 세계 경제 현황 등 광범위한 정보를 고려할 것이다.

 **파월의 FRB는 자산에 어떤 영향을 줄까요?**

20년 중 하루

스승님!
오후 05:25

**파월의 FRB는 금리를 인상하기도 했고, 인하하기도 했습니다.
앞으로 어떤 행보를 보일까요? 그리고 자산가격은 어떻게 될까요?**
오후 05:26

아직, 파월 독트린이라는 것은 없지만, 지금까지의 결정과 근거를 보면, 전망을 해 볼 수도 있을 것 같아.
오후 05:26

> **Talk** 파월의 FRB는 자산에 어떤 영향을 줄까요?

Q 파월이 저렇게 다양한 변수를 본다면 앞으로 자산시장은 어떻게 될까요?

A 첫째, 일단 예측이 쉽지는 않겠지. 많은 변수를 본다는 말은 종합적으로 판단하겠다는 뜻인데, 파월이 가중치를 어떻게 줄지 알 수 없으니 FRB 정책을 예측하기가 쉽지 않다는 뜻이야.

둘째, 자산시장은 안정될 것이라고 예상할 수 있어. 그린스펀은 낮은 물가에 따른 금리 인하로 자산시장의 버블을 만들었어. 버냉키는 버블이 붕괴하면서 발생한 자산시장의 패닉과 디플레이션 위험을 해결했지. 대신 양적완화로 풀린 자금은 잠재적인 버블과 인플레이션 원인이 될 수도 있어. 그래서 파월은 점진적인 금리 인상을 시도했는데, 2019년에 세계 경기가 하락하고 미국 물가가 내려가니 다시 금리를 인하하기 시작했지.

셋째, 2018년과 2019년 겨우 2년이 지났을 뿐이지만 한 해는 금리 인상, 한 해는 금리 인하로 대응하는 것을 보면 시장과 소통을 잘하는 의장이라고 볼 수 있어. 선제적으로 금리를 올리고 내리는 모습이지. 그런데 2년 동안 그가 금리를 올리고 내린 시기를 보면 가장 높은 가중치는 역시 물가라고 생각돼. 물가가 통화정책의 핵심인 점은 변화가 없어. 자산시장과 세계 경기 상황은 보조 지표 정도로 판단돼.

2) 장단기금리로 경기 침체와 금융위기를 전망할 수 있다

　세계 경제 중심인 FRB는 500,000개가 넘는 경제 지표를 보유, 관리하고 있습니다. 이 중 FRB의 전문가들이 가장 많이 보는 지표는 ① 장단기금리차1(10년 국채금리-2년 국채금리) ② 장단기금리차2(10년 국채금리-3개월 국채금리) ③ 정책금리(Federal Fund Rate), ④ 장기금리(10년 국채금리) ⑤ 하이일드 스프레드(BofAML High yield spread) 등입니다.

　상위 10개 지표 중 무려 5개가 금리 지표입니다. 남은 5개 중 3개는 경기 지표인 명목 GDP와 실질경제 성장률, 실업률이고, 남은 2개는 물가 지표인 소비자물가와 FRB의 자산상태(양적완화와 축소)입니다. 이처럼 FRB는 경기와 물가 이외에 또 다른 핵심 지표인 금리 지표를 통해 시장을 판단하고 대응합니다.

[FRB 지표 열람 순위]

FRED

most popular

10-Year Treasury Conatant Maturity Minus 2-Year Treasury Conatant Maturity Minuruty
Percent Daily,Not Seasonally Adjusted

Effective Federal Funds Rate
Percent Monthly,Not Seasonally Adjusted

Consumer Price Index For All Ulban Consumers: All Items In U.S. City Average
Index 1982-2984=100, Monthly,Not Seasonally Adjusted

Unemployment Rate
Percent Monthly, Not Seasonally Adjusted

10-Year Treasury Conatant Maturity Minus 3-Year Treasury Conatant Maturity Minuruty
Percent Daily, Not Seasonally Adjusted

10-Year Treasury Conatant Maturity Rate
Percent Daily, Not Seasonally Adjusted

Real Gross Comestic Product
Billions Of Chained 2012 Dollars, Quarterly, Easonally Adjusted

ICE BofAML US High Yeild Master ⅠⅠ Option-Adjusted Spread
Percent Daily, Not Seasonally Adjusted

Gross Domestic Project
Billions Of Dollars, Quarterly, Sasonally Adjusted Annual Rate

Assets: Total Assets: Total Assets (Less Eliminations From Consolidaton): Wednesday Level
Millions Of U.s. Dollars, Weelkly, As Of Wednesday, Not Seasonally Adjusted

출처: Federal Reserve Economic Data

열람 순위에서 나타나듯 FRB가 중요하게 생각하는 대다수 지표는 금리 지표들이며 그중에 최고가 바로 장단기금리차입니다. 장단기금리차는 금융시장의 정상과 비정상을 가늠할 수 있는 지표이기 때문입니다. 장단기금리차가 어떻게 시장의 정상과 비정상을 가르는 기준이 될까요?

두 가지 경우를 생각해 보죠. 은행에 갔습니다. 예금금리를 묻습니다. 두 가지 답변을 들었습니다. 첫 번째 답변입니다. "고객님 3개월 투자하시면 연간 수익률이 3%고, 1년이면 4%, 3년이면 5% 수익률을 드립니다. 어떤 상품을 원하세요?"

이때 만기가 짧아 위험이 작지만 수익은 낮은 상품을 고를까요? 아니면 만기가 길어서 물가 상승 같은 위험이 크지만 수익은 높은 상품을 고를까요? 투자 성향에 따라 고민해 보고 선택하면 되니 큰 문제는 없습니다.

두 번째 답변입니다. "고객님 3개월 투자하시면 연간 수익률이 5%고, 1년이면 4%, 3년이면 3% 수익률을 드립니다. 어떤 상품을 원하세요?"

일순간 황당하다는 생각이 들 것입니다. 잘못 들었는지 은행원에게 묻습니다. "혹시 잘못 말씀하신 것 아닌가요? 어떻게 만기가 가장 짧은 상품이 수익률이 가장 높을 수 있나요?" 은행원이 답하겠죠. "네. 고객님 현재 시장은 정상적인 상황이 아닙니다."

이런 비정상 상황이 아주 가끔 나타납니다. 1997년 한국의 IMF, 2008년 미국의 서브프라임, 두 사건 당시는 모두 비정상적인 시장이었습니다. 먼저 IMF 시절로 돌아가 보겠습니다. 장단기금리와 주가입니다.

[IMF 당시의 장단기금리와 주가]

시기	콜금리(단기)	국채금리(장기)	금리차	주가
1997년 6월	11.19	11.72	0.53	726
1997년 7월	11.44	11.65	0.21	695
1997년 8월	12.45	11.65	-0.80	647
1997년 9월	13.25	11.65	-1.60	471
1997년 10월	13.64	11.65	-1.99	408
1997년 11월	14.09	12.40	-1.69	376
1997년 12월	21.58	14.96	-6.62	567
1998년 1월	25.63	15.00	-10.63	559

1998년 2월	23.53	15.00	-8.53	481
1998년 3월	22.62	15.09	-7.53	421
1998년 4월	21.23	17.13	-4.10	337
1998년 5월	18.45	16.86	-1.59	298
1998년 6월	16.25	15.04	-1.21	343
1998년 7월	12.67	12.57	-0.10	310
1998년 8월	9.53	11.72	2.19	310
1998년 9월	8.43	11.84	3.41	385
1998년 10월	7.27	9.40	2.13	452
1998년 11월	7.24	8.34	1.10	562
1998년 12월	6.96	7.23	0.27	571
1999년 1월	6.35	6.67	0.32	520
1999년 2월	5.65	7.08	1.43	619
1999년 3월	5.03	6.81	1.78	753
1999년 4월	4.82	6.37	1.55	736
1999년 5월	4.80	6.75	1.95	883
1999년 6월	4.81	6.88	2.07	970
1999년 7월	4.84	7.89	3.05	938
1999년 8월	4.75	8.91	4.16	836
1999년 9월	4.74	9.33	4.59	834
1999년 10월	4.75	8.28	3.53	997
1999년 11월	4.75	8.46	3.71	1,028
1999년 12월	4.77	8.85	4.08	944

출처: 한국은행 경제통계시스템

　1997년 6월과 7월, 시장에는 특별한 일이 없습니다. 은행 간 금리인 1일짜리 콜금리는 11.2%고 3년 국채금리는 11.7%입니다. 차이가 별로 없긴 하지만 장기금리가 단기금리보다 높습니다. 당시 주가는 700이었습니다.

　그런데 기이한 일이 일어납니다. 1997년 8월에 갑자기 단기금리가 더 높아지는 일이 발생했습니다. 장단기금리의 역전. 당시 주가는 650 수준이었습니다. 역전 현상이 계속 일어나던

1997년 12월까지 주가는 370으로 무려 43%나 하락했습니다. 당시 신문에는 연일 주가 폭락, 환율 폭등 같은 무서운 제목의 기사가 실렸습니다. 달러가 부족하다는 기사가 이어졌고, 1997년 12월 24일 우리 정부는 IMF에 구제금융 협상을 신청했다고 발표했습니다. 다음 날인 25일 IMF 및 주요 선진국은 한국에 자금을 조기 지원하겠다고 밝혔고, 12월 30일 IMF는 20억 달러를 지원했습니다.

당시 주가는 불과 1달 사이에 370에서 560대로 올랐습니다. 상승 폭이 50%가 넘었습니다. 하지만 주가는 다음 해인 1998년 5월에 300 아래로 떨어지고 말았습니다. 만일 주가가 경기를 선행한다고 판단해 주식 매수에 나섰다면 상당한 고통을 겪을 수밖에 없었을 것입니다. 최악의 위기였지만 최고의 기회이기도 했던 당시에 어떻게 하면 최적의 매수 타이밍을 찾을 수 있었을까요?

금리를 통해 당시 상황을 복기해 보죠. 1997년 말에서 1998년 초로 넘어가면서 단기금리는 오히려 더 올랐고 장단기금리 역전 현상은 더욱 심해졌습니다. 역전 현상은 1998년 8월에야 해결되었습니다. 당시 주가는 310이었습니다. 이후 장단기금리차는 정상을 유지했고 금리 전체가 하락하기 시작했습니다. 즉, 중력이 낮아졌습니다. 1999년 말에는 주가가 1,000까지 올랐습니다.

당시 상황을 한마디로 요약하면 이렇습니다. 장단기금리 역전이 발생하고 큰 폭으로 하락한 주가는 장단기금리가 정상이 되자 다시 급등했습니다.

다음은 미국의 경우를 살펴보겠습니다. 장단기금리 역전이 발생하면 시장에 뭔가 문제가 있다는 뜻이라고 했습니다. 2000년과 2006년에 미국 시장에는 뭔가 문제가 있었습니다.

[미국의 장단기금리차]

출처: Federal Reserve Economic Data

2000년에는 유명한 IT 버블 붕괴가 있었고, 2006년에는 서브프라임 모기지 사태가 있었습니다. 당연히 시장에는 폭풍이 불었습니다. 자산시장은 장단기금리 역전의 직격탄을 맞았고, 실물시장에는 후폭풍이 닥쳤습니다.

시차가 존재하기는 하지만 장단기금리가 역전되자 주식은 급락했고, 실업률은 상승하기 시작했습니다. 이를 보면 FRB가 왜 그렇게 장단기금리에 민감한지 이해가 됩니다.

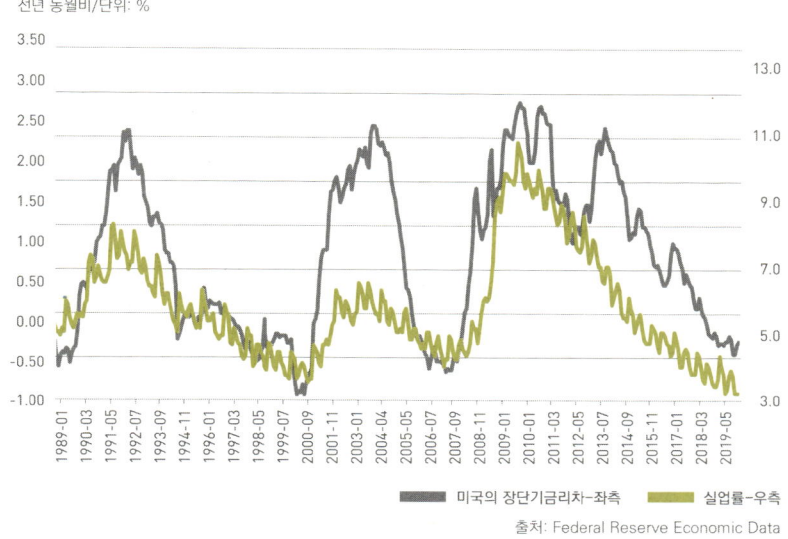

[미국의 장단기금리차와 실업률]

출처: Federal Reserve Economic Data

    2019년 8월에 미국에서 장단기금리(10년금리-2년금리)가 역전되었을 때도 시장은 요동치기 시작했습니다. 하지만 FRB가 금리 인하를 발표하면서 충격은 오래가지 못했습니다.

    일부 언론에서는 장단기금리가 10여 년 만에 역전되었다면서 각종 위기를 이야기하지만, 이번 상황은 심각한 금융위기가 아니라 일반적인 경기 침체 시그널로 인식해야 합니다. 금융위기가 독감이라면 경기 침체는 감기 수준입니다. 자산시장과 실물시장이 영향을 받기는 하겠지만, 주식 폭락 같은 사태는 발생하지 않을 것입니다.

 **장단기금리가 역전되었어요!
결국 금융위기가 오는 것 아닌가요?**

20년 중 하루

👤 2

 고객께서 장단기금리 역전이 되었으니 금융위기가 아니냐고 질문을 하셨습니다.
오후 06:32

투자가 상식이 된 시대라는 생각이 드는군.
오후 06:33

 장단기금리가 역전되면 시차는 있지만 결국은 위험자산이 폭락했다는 기사도 많더라고요.
오후 06:34

모든 자산을 매도해서 안전자산으로 옮겨야 하는 것이 아니냐고 물었습니다.
오후 06:35

장단기금리 역전이 발생했지만, 이유가 달라. 그러니 처방도 달라야 해.
오후 06:35

Q "금융위기는 아니다. 하지만 경기 침체는 맞다. 금융위기는 독감이지만, 이번엔 경기 침체로 감기 수준이다."라는 말이 이해가 되지 않습니다. 장단기금리 역전이 발생했는데 왜 위기가 아니라는 건가요?

▲ 장단기금리 역전에는 두 가지 경우의 수가 있어. 첫 번째는 단기금리가 올라서 역전되는 경우고, 두 번째는 장기금리가 하락해서 역전되는 경우지. 결론부터 이야기하면 단기금리가 올라 역전되는 경우가 바로 금융위기고 훨씬 심각한 상황이야.

IMF 당시의 한국 상황을 다시 보자. IMF 당시 단기금리가 올랐어? 아니면 장기금리가 내렸어? 단기금리가 올랐지. 갑자기 은행 간 금리인 1일짜리 콜금리는 왜 올랐을까? 은행이 서로를 신뢰하지 못해서야. 은행이 은행을 믿지 못하는 상황이라면 금융기관에 뭔가 문제가 생겼다는 뜻이지. 이는 금융시스템의 위기, 즉 금융위기야.

이런 경우를 상상해 보자고. 옆집에서 갑자기 현관문을 두드려. 나가 보니 돈을 빌려 달라고 해. 1년 뒤에 100억을 받을 예정인데, 당장 1억이 없다는 거야. 갑자기 부도 위기에 처했으니 1억만 빌려 달래. 대신에 금리는 달라는 대로 주겠다는 거야. 이게 어떤 상황이야? 위기 상황이지. **단기금리가 폭등한다면 가**

계, 기업, 금융시스템에 문제가 생겼다는 뜻이야. 그래서 단기금리가 올라 장단기금리가 역전되는 경우는 문제가 심각하지. 다시 미국을 볼까?

[미국의 장단기금리차와 단기금리(2년), 장기금리(10년)]

출처: Federal Reserve Economic Data

2000년과 2006년은 모두 단기금리가 올라서 장단기금리가 역전된 경우야. 한국의 IMF, 미국의 2000년, 2006년은 모두 단기금리 상승으로 발생한 위기 상황이었지. 그래서 이 위험은 심각한 독감에 해당하는 금융위기야.

그런데 최근 한국과 미국 시장은 모두 장기금리가 하락했어. 이건 어떤 상황일까? 단기금리인 정책금리는 물가에 민감하게 반응한다고 했지. 그리고 장기금리인 시장금리는 물가에 경기 요인을 더한다고 했어. 즉, 장기금리 하락은 경기 하강 신호로 봐

장단기금리가 역전되었어요! 결국 금융위기가 오는 것 아닌가요? **Talk**

야 한다는 뜻이야.

단기금리가 올라서 일어난 장단기금리 역전은 사고가 발생한 상황이야. 위기지. 그래서 금융위기는 독감과 같아. 독감에 걸리면 일상생활에 큰 지장이 생기고 치료가 필요해.

하지만 이번 미국의 장단기금리 역전은 장기금리가 하락했기 때문이야. 감기에 걸린 셈이지. 아프기는 하지만 일상생활을 할 수 없는 정도는 아니야.

이럴 때 자산시장에서는 어떻게 대응해야 할까? **금융위기엔 모든 위험자산을 다 팔아 위험을 제거해야 하지만, 경기 침체엔 비중을 줄이거나 자산을 갈아타는 정도로 관리하는 것이 낫다**는 뜻이야.

3) 하이일드 스프레드를 알면 투자 타이밍을 찾을 수 있다

투자를 두 가지로 구분하면 무엇을 살지에 해당하는 'What'과 언제 사고팔지에 해당하는 'When'으로 나눌 수 있습니다. 실증분석 결과 투자 수익률에 더 많은 영향을 주는 요소는 종목보다는 시점이었습니다.

언제 사고 언제 팔 것인가? 경기 지표, 물가 지표, 금리 지표는 모두 그런 목적을 위해 필요한 자료입니다. 투자 시점이 가장 중요한 자산은 변동성이 큰 주식입니다. 그중에 최적의 타이밍을 잡기에 적합한 자료가 있습니다. 바로 2부 2장에서 간단히 살펴봤던 하이일드 스프레드(High Yield Spread)입니다. 이번에는 좀 더 상세히 알아보도록 하겠습니다. 다시 차트를 불러오겠습니다. 하이일드 스프레드와 주가의 관계입니다.

[미국의 하이일드 스프레드와 나스닥 지수]

출처: Federal Reserve Economic Data

2014년부터 2019년까지 5년간의 데이터를 분석해 보았습니다. 하이일드 스프레드가 하락하면 주가는 상승하고, 하이일드 스프레드가 상승하면 주가는 하락합니다. 하이일드 스프레드의 최저점이 주가의 최고점이고, 하이일드 스프레드의 최고점이 주가의 최저점입니다.

먼저 하이일드 스프레드의 의미를 이해할 필요가 있습니다. 은행에서 세 집단이 돈을 빌리려고 합니다. 국가, 삼성전자 같은 대기업, 그리고 신용도가 낮은 중소기업입니다. 중소기업은 국가보다 높은 금리로 돈을 빌리게 됩니다. 신용도가 상대적으로 낮은 기업의 대출금리(BBB급 회사의 회사채금리)에서 국가의 대출금리(국채금리)를 뺀 차이를 바로 하이일드 스프레드라고 합니다.

[하이일드 스프레드]

	A 시점	B 시점
국채	3%	3%
회사채	4%	13%
스프레드	1%	10%

두 가지 상황으로 들어가겠습니다. 국채금리는 동일하지만 회사채 금리에는 큰 차이가 있습니다. A와 B, 두 가지 중 경기가 더 좋은 시점은 언제일까요? 바로 A 시점입니다. 기업들이 돈을 빌리기 훨씬 쉬운 상황입니다. B 시점은 기업들의 자금 조달이 어렵습니다. 그래서 B 시점에서 A 시점으로 이동할 때가 바로 경기가 좋아지는 상황이며 주가가 상승하는 시기입니다.

왜 이런 일이 일어날까요? 두 가지로 설명이 가능합니다.

먼저 경제학적 설명입니다. 경제는 수요와 공급으로 현상을 설명합니다. B 시점에서 A 시점으로 이동할 때는 투자자가 위험자산을 선호하는 시기입니다. 위험자산임에도 겨우 1%의 추가 보상만을 원하는 상황입니다. 이런 경우를 자금이 위험자산으로 가고 있다는 의미로 위험자산 선호(Flight from Safety)라고 부릅니다. 당연히 자금은 채권에서 주식으로 이동합니다. 2016년 2월에서 2018년 9월까지가 이에 해당됩니다. 나스닥 지수는 4,200에서 8,000 수준까지 올랐습니다.

A 시점에서 B 시점으로 이동하는 경우는 반대입니다. 투자자는 안전자산을 선호합니다. 이를 안전자산 선호(Flight to the Safety)라고 부릅니다. 자금은 주식에서 채권으로 이동합니다. 2014년 7월부터 2016년 2월까지 나스닥 지수는 4,200 수준에 머물렀고, 코스피 지수는 2,070에서 1,900으로 하락했고, 홍콩 H지수는 11,000에서 8,000까지 떨어졌습니다.

이번엔 경영학적 설명입니다. 경영학은 가격과 가치로 분석합니다. 기업 가치는 가진 것을 측정하는 자사가치(BPS)와 버는 것을 측정하는 수익가치(EPS)가 있는데, 버는 가치인 EPS가 더 중요합니다. 그래서 가격이 가치에 비해 싼지 비싼지를 측정하는 지표가 바로 PER(Price/Earning)입니다.

일반적으로 PER가 낮으면 버는 것에 비해 가격이 싸니 좋다고 알려졌지만, 이 수치는 경기에 따라 오르기도 하고 내리기도 합니다. PER는 변화합니다.

아래 상황을 상상해 보죠. (가) 기업은 주당 1,000원의 수익을 내고, 현재 주가는 10,000원입니다. 만일 지속적으로 동일한 수익을 내고 이를 모두 배당한다면 이 기업에 투자하는 투자자는 원금을 모두 회수하는 데 얼마의 시간이 필요할까요?

[PER]

구 분	(가) 기업
주식 가격(Price)	10,000
버는 가치 (EPS)	1,000
PER(Price/EPS)	10배

10년이 필요합니다. PER=회수 기간이라고도 생각할 수 있습니다.

조금 전 상황에 대입해 보겠습니다. 2016년 2월에서 2018년 9월까지 하이일드 스프레드가 하락하고 있습니다. 부도 위험이 줄어듭니다. 그럼 투자자들은 회수 기간에 해당하는 PER를 늘릴까요? 줄일까요? 늘릴 것입니다. 그래서 기업 이익에 변화가 없어도 주가는 오를 수 있습니다.

2014년에서 2016년까지는 당연히 반대입니다. 부도 위험이 커지고, 회수 기간을 줄이니 PER도 줄어들어 주가가 하락합니다. 하이일드 스프레드 하락은 부도 위험이 줄어든다는 의미이고, 주식투자자는 회수 기간을 늘려 수익을 키우려 합니다. 이에 따라 PER가 상승하고 주가도 올라갑니다.

다음은 중국이나 한국 같은 이머징 국가의 매수, 매도 타이밍에 활용할 하이일드 스프레드입니다.

[이머징 국가의 하이일드 스프레드]

출처: Federal Reserve Economic Data

이 지표를 상해 주가지수와 비교하면 다음과 같습니다.

[이머징 국가의 하이일드 스프레드와 중국 주가지수]
(중국 주가지수는 2015년을 100으로 자체 계산한 인덱스 값)

출처: Federal Reserve Economic Data

그림에서 알 수 있듯이 중국이나 한국 같은 이머징 국가는 이머징 시장의 하이일드 스프레드가 하락할 때가 매수 적기입니다. 반대로 하이일드 스프레드가 상승하면 주가는 하락하는 경향을 보입니다. 큰 그림으로는 2016년 2월이 매수 적기, 2018년 2월이 매도 적기였습니다.

 **일간 차트로는 타이밍을 찾기 어려워요**

20년 중 하루

스승님, 만기가 되어 목돈이 생기신 고객분에게 거치식으로 투자하는 타이밍을 하이일드 스프레드를 이용해 잡아 드릴 생각입니다.
오후 04:19

그런데, 이 지표가 매일같이 오르내리니 어떻게 해야 할지 모르겠습니다.
오후 04:20

방법은 주기에 있어.
주기를 주간 단위로 바꾸면 자료가 달라질 거야.
오후 04:21

Q 지난번에 말씀하신 것처럼 채권은 정말 훌륭한 나침반인 듯합니다. 정치적인 사건이 일어날 때도 적용 가능하고요. 그런데 시간이 지나서 하이일드 스프레드를 분석하면 저점과 고점이 쉽게 보이는데, 하루하루를 보면 헷갈립니다. 계속 오르거나 내리기도 하지만, 하루는 오르고 다음 날은 하락하는 일도 빈번해서요. 특히 최근 1년은 더 심한 것 같습니다. 어떻게 좋은 방법이 없을까요?

[미국의 하이일드 스프레드(Daily)]

출처: Federal Reserve Economic Data

▲ 지표를 보는 방법론 말이지. 지난번에 이야기한 자료의 주기처럼 주간이나 월간 데이터를 추천해. 이 경우는 주간 자료가 적

> Talk 일간 차트로는 타이밍을 찾기 어려워요

합할 거야. 위의 그래프를 주간 기준으로 바꾸면 다음과 같아.

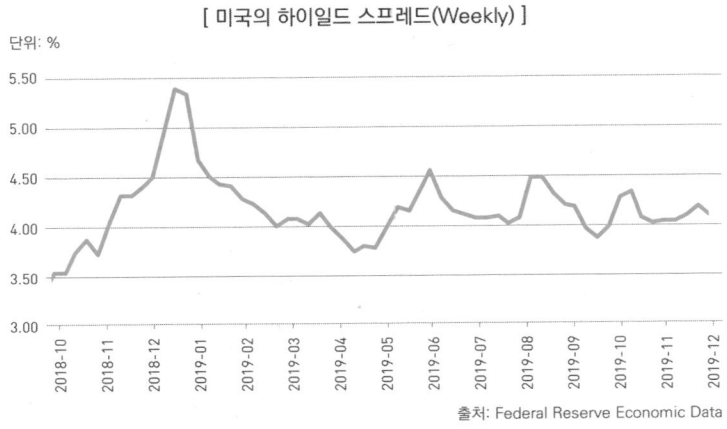

[미국의 하이일드 스프레드(Weekly)]

출처: Federal Reserve Economic Data

조금 길게 분석하니 방향이 보이지 않아?

자, 이제 4계절 투자법이라는 프레임을 만들었고, 핵심 지표를 읽고 계절 변화를 확인하는 법도 배웠으니 나무를 심어야겠지. 내년엔 어떤 나무를 심을까?

4부

2020년에 심어야 할 나무는?

1장. 글로벌 금융자산 포트폴리오
2장. 핫이슈: 2020년 금융위기는 올 것인가?
3장. 핫이슈: 서울 아파트 시장은?

1장
글로벌 금융자산 포트폴리오
+++

한 시인은 "한 송이 국화꽃을 피우기 위해 소쩍새는 그렇게 울었나 보다."라고 했습니다. 아래의 표 한 장을 위해 꽤 긴 이야기를 함께 나누었습니다.

[2020년 글로벌 포트폴리오(ETF 종목과 투자 비중)]

투자 성향	저위험 투자자		고위험 투자자	
투자 기간	단기	장기	단기	장기
채권	TLT (30%)	TLT (10%)	TMF (30%)	TMF (10%)
		LQD (10%)		LQD (10%)
부동산	VNQ (10%)	VNQ (20%)	DRN (10%)	DRN (20%)
주식	XLU (15%) IYZ (15%)	XLU (5%)	UTSL (15%) TAWK (15%)	UTSL (5%)
		IYZ (5%)		TAWK (5%)
		XLF (10%)		FAS (10%)
		XLY (10%)		WANT (10%)
		XLK (10%)		TECL (10%)
해외 주식	MCHI (10%)	MCHI (10%)	YINN (10%)	YINN (10%)
원자재	GLTR (10%)	CPER (10%)	GLTR (10%)	CPER (10%)
외환	UUP (10%)		UUP (10%)	

단기 포트폴리오는 현재 글로벌 경제 상황인 겨울에 적합한 나무로 구성했습니다. 장기 포트폴리오는 겨울과 다음 계절인 봄까지 감안하여 구성했습니다. 저위험 포트폴리오는 안정성을 중시하는 투자자에게 적합하고, 고위험 포트폴리오는 높은 수

익을 원하는 투자자에게 적합한 나무들입니다.

2020년 포트폴리오 제안 배경인 계절의 근거는 다음과 같습니다. 2019년 12월 현재 미국, 중국, 한국의 경제 지표를 경기 지표와 물가 지표로 분리했습니다.

[주요국의 경기와 물가 분석]

구분	경제지표	미국	중국	한국
경기	OECD 경기선행지수	하락	상승	하락
	PMI/재고순환선	하락	상승	하락
물가	근원물가와 물가목표	저물가	저물가	저물가
계절		겨울	봄	겨울

글로벌 경제의 핵심인 미국의 저성장, 저물가 상황이 포트폴리오 구성에 가장 큰 영향을 미쳤습니다. 현재 경제 상황은 4계절 중 겨울에 해당하며 이머징 국가 중에는 중국이 최근 상승세로 돌아섰습니다.

경기 분석은 전망이 아닌 대응의 영역입니다. 즉, 상승세로 돌아선 후에야 돌아섰다고 판단할 수 있습니다. 저는 이안금융교육 홈페이지 하우스 뷰를 통해 의견을 전달해 왔고, 앞으로도 계속 업데이트할 예정입니다.

그런데 2020년에는 계절의 변곡점을 맞이할 확률이 높습니다. 경기 순환의 주기와 진폭이 일정하지는 않지만, 한국과 미국은 모두 역대 경기 하락기의 평균 주기를 넘어섰습니다. 특히 한국은 역대 가장 긴 하락이 28, 29개월임을 감안하면 2020년에는 변화가 일어날 확률이 높습니다. 또 미국 중앙은행의 선제적 금리 인하로 미국 또한 긴 하락기에 접어들 확률은 낮다고 판단됩니다.

그래서 단기 포트폴리오보다는 장기 포트폴리오를 추천합니다.

[주요국의 계절과 상승 하락 주기]

구 분	미국	중국	한국
계 절	겨울	봄	겨울
연속주기	13개월	5개월	25개월
	연속 하락	연속 상승	연속 하락
평균하락 주 기	11개월	N/A	18개월

2장
핫이슈: 2020년 금융위기는 올 것인가?
+++

　외계인이 지구의 금융시스템을 본다면 "지구인들은 고장이 나지 않는 비싼 자동차보다 고장은 자주 나지만 싼 자동차를 선택했다."라고 판단할 것입니다. 금융은 낮은 수익성을 극복하기 위해 레버리지를 크게 사용하는 치명적인 단점을 가지고 있습니다. 자동차의 고장이 바로 금융위기입니다.

　1987년에 블랙 먼데이, 1997년어 아시아 외환위기, 2008년에 서브프라임 위기를 겪었습니다. 세 번의 위기가 10년 주기로 발생했다는 점에 근거하여 2018년과 2019년 모두 금융위기설이 파다했습니다. 하지만 자산시장과 실물시장 모두 별문제가 없었습니다.

　이제 다시 2020년에 위기가 일어날지 많은 사람이 궁금해합니다. 유명한 전문가들도 의견이 엇갈리고 있습니다. 저는 위기가 일어날 확률을 현재 '거의 없음'이라고 판단합니다. 금융위기의 주요 원인은 금융시스템의 위기와 자산시장의 버블 붕괴입니다.

　첫 번째 위기는 금융회사의 부도가 금융시스템의 붕괴로 이어지는 상황입니다.

　한국은 IMF 당시 400%에 이르던 기업부채(현재는 73.5%)

가 원인이 되어 기업 부도 → 금융회사 부도 → 금융시스템 위기로 이어졌습니다.

미국은 IT 버블 붕괴 이후 금융완화 정책으로 투자 은행의 총부채를 순자본의 15배 이내로 제한한 레버리지 규제를 2004년에 철폐했습니다. 이후 투자 은행들이 20~30배의 과도한 자금을 차입하면서 서브프라임 위기를 촉발하는 원인이 되었습니다. 결국 급격한 정책금리 인상 → 부동산 가격 급락 → 서브프라임 모기지 대출 연체 → 서브프라임 모기지를 기초자산으로 하는 금융상품(CDO, CDS 등)의 가치 하락 → 금융회사들의 순자산 가치 하락 → 금융회사 부도 → 금융시스템 위기로 이어졌습니다.

그런데 현재는 전 세계 주요국들이 금융회사의 과도한 부채비율을 억제하고 있고, 급격한 금리 인상 같은 기폭제도 없기 때문에 금융회사 부도와 금융시스템 위기가 일어날 확률은 매우 낮습니다.

두 번째 위기인 자산시장의 버블 붕괴는 수없이 많은 전례가 있습니다.

가장 유명한 네덜란드 튤립 버블을 비롯하여 최근 암호화폐 버블까지 사례가 엄청납니다. 이 중 큰 충격을 준 위기는 일본 주식과 부동산 버블(1986~1991), 닷컴(Dot-Com) 버블(1995~2000), 미국 부동산 버블(2002~2006), 중국 주식 버블(2003~2007) 등이 있습니다.

그렇다면 2020년에 버블 징후가 보이는 자산은 있을까요?

없습니다.

시가총액에서 큰 비중을 차지하는 미국과 중국의 부동산과 주식자산을 보면 버블 징후가 없습니다.

1) 미국 부동산

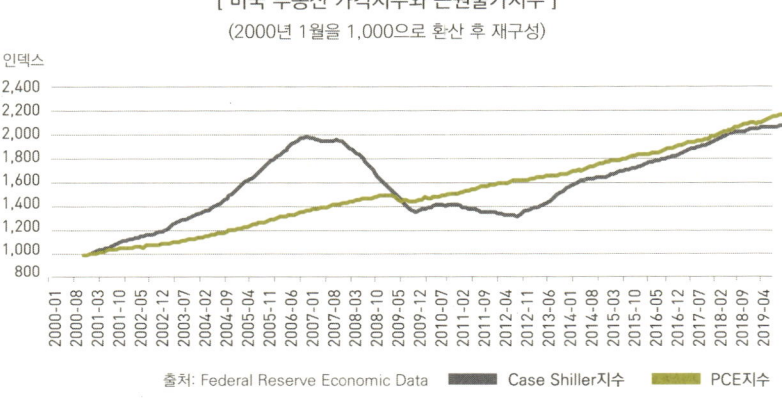

미국 부동산 지수는 물가에 비해 과도하게 올랐던 2006년과 달리 물가 수준과 비슷하게 상승하는 모습입니다. 따라서 부동산 버블 징후는 없습니다.

2) 미국 주가지수

미국 다우지수는 2007년 13,000에서 금융위기 이후 8,000까지 하락했지만, 현재는 28,000까지 올랐기 때문에 버블이라고 보는 사람도 있습니다. 하지만 가격/미래수익가치(Forward PER)를 기준으로 보면 주가가 소폭 비싸기는 하나 버블이라고 부를 정도는 아닙니다.

[미국 Fwd PER]

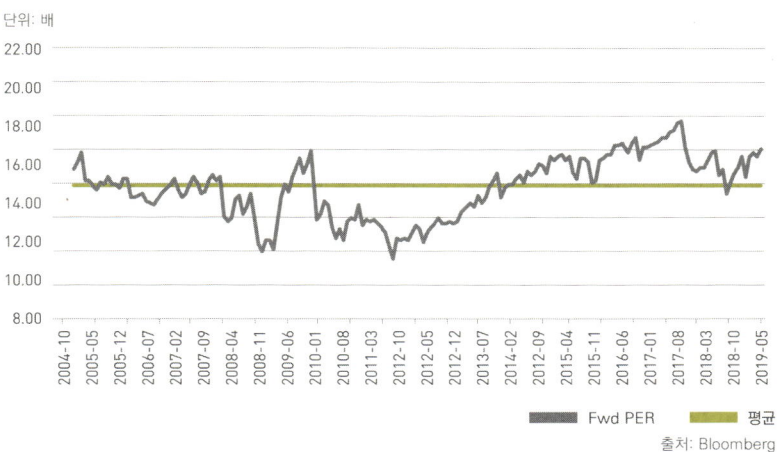

3) 중국 주가지수

아래 그림에서 보듯 <u>2007년에 버블이던 중국 주가지수는 현재 평균 수준을 유지</u>하고 있습니다. 버블이나 패닉, 그 무엇도 아닙니다.

[중국 Fwd PER]

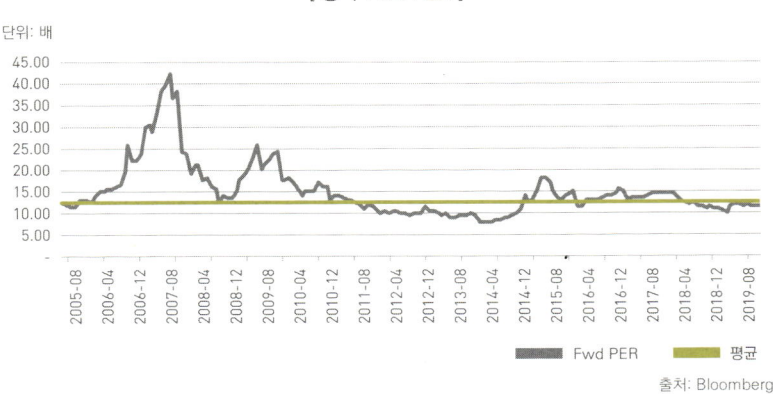

이처럼 주요 자산시장에서 버블 징후는 포착되지 않습니다. 또한 버블 붕괴의 트리거 포인트도 없습니다. 2002년~2006년 미국이나, 2003년~2007년 중국에서 버블이 발생한 후 주가나 부동산 가격이 즉시 하락하지 않은 것은 하락의 촉매제인 트리거 포인트가 작동하지 않았기 때문입니다. 자산가격의 하락은 물가 인상 → 정책금리 인상 → 자산가격 하락 순서로 일어납니다.

4) 국제유가

[국제유가]

출처: Bloomberg

2008년 미국발 금융위기 때도 FRB의 급격한 금리 인상의 도화선이 된 국제유가 폭등이 있었습니다. 당시 서부 텍사스 중질유(WTI) 가격은 2003년 30달러 수준에서 2008년 7월 150달러까지 올랐습니다. 지금은 셰일가스 덕분에 국제유가가 낮은 수준에서 안정세를 보이고 있어 FRB의 긴축정책이 일어날 확률도 아주 낮은 상황입니다.

물론 중국의 기업부채나 홍콩사태, 2011년 재정위기와 유사한 유럽 문제, 아르헨티나나 터키의 환율위기 등 생각지 않은 새로운 문제가 금융위기를 초래할 수도 있습니다.

하지만 그런 경우에도 금융회사의 자금 조달금리 급등, 국가나 은행의 CDS금리 급등, 하이일드 스프레드의 급등 같은 징후가 나타날 것입니다. 이는 예의 주시할 수밖에 없는 지표들입니다. 저는 이런 징후가 보인다면 유튜브, 홈페이지, 페이스북 등을 통해 전달하고자 합니다.

3장
핫이슈: 서울 아파트 시장은?

+++

최근 한국에서 가장 뜨거운 자산은 부동산입니다. 원인 분석과 미래 전망도 가장 논쟁적입니다. 정치적인 문제 해결을 비롯해 처방도 각기 다릅니다.

그중에서도 가장 이슈가 되는 곳이 서울 아파트 시장입니다. 상승론자들은 서울의 낮은 주택보급률(96%)과 재건축, 재개발, 분양가 상한제 등에 따른 공급 부족, 다주택자에 대한 양도세 중과 등을 근거로 내세우며 계속 상승할 것이라고 주장합니다.

하락론자들은 짧은 기간에 크게 오른 가격, 주택담보대출로 인한 가계부채의 급증, 다주택자의 종부세 부담 증가 등을 근거로 서울 아파트 가격이 곧 하락할 것이라 주장합니다.

저는 경기, 물가, 금리라는 세 가지 지표로 서울 아파트 가격을 분석해 보고자 합니다. 글로벌 시장에서 부동산 가격 분석 방법은 ① 장기: 밸류에이션, ② 중기: 자산/수익 분석 ③ 단기: 모멘텀 분석으로 나뉘어집니다. 이를 이용해 보겠습니다.

1) 장기: 밸류에이션

대부분 국가에서 부동산 가격은 물가 수준으로 상승합니다. 214페이지의 그림 [미국 부동산 가격지수와 근원물가지수]에서 보듯 부동산 가격 상승률과 물가 상승률은 장기적으로 근사하며 물가에 비해 과도하게 올랐다면 장기적으로 하락하기 마련입니다. 일본의 부동산 가격 또한 물가와 유사하게 움직입니다.

그런데 제가 관찰한 결과 서울 아파트 가격은 광의통화 증가율만큼 상승했습니다. 보통 부동산 가격은 물가만큼 오르는데 물가 상승의 근본 원인은 통화량 증가에 있으니, 광의통화 증가율이 결국 근본 원인인 셈입니다.

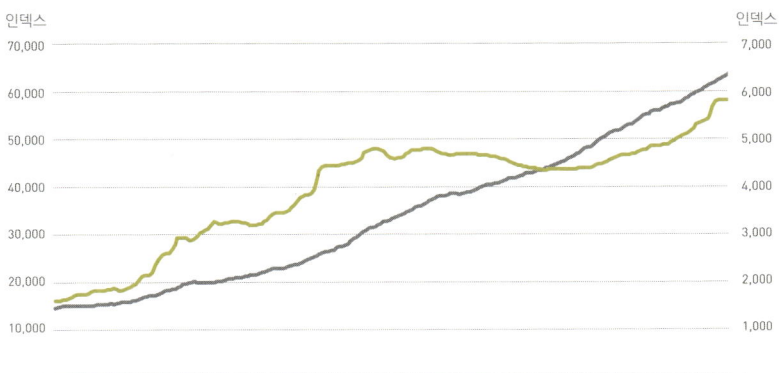

[광의통화 증가율과 서울 아파트 가격지수]
1986년 1월을 1,000으로 환산후 재구성

출처: 한국은행 경제통계시스템, KB국민은행 월간KB 주택가격동향

이는 다른 나라와 달리 우리나라에만 있는 독특한 전세 제도 (집주인은 제로금리로 세입자의 자금대출, 세입자는 월세 부담 없이 주거문제 해결) 등에서 기인하는 것으로 생각됩니다. 자료에 보듯이 현재 서울 아파트의 버블 징후는 없습니다.

2) 중기: 자산/수익분석 (Price/Income Ratio)

부동산 장기 분석은 국제 기준과 한국 기준이 다르게 나타났지만, 중기적인 자산/수익 분석은 공통적인 방법입니다.

아래 그림은 중위 소득 가구가 중위 수준의 아파트를 매입할 때의 가격/소득지표(Price/Income Ratio)입니다. 지난 20년간 평균값은 전국 5.2, 서울 10.7입니다.

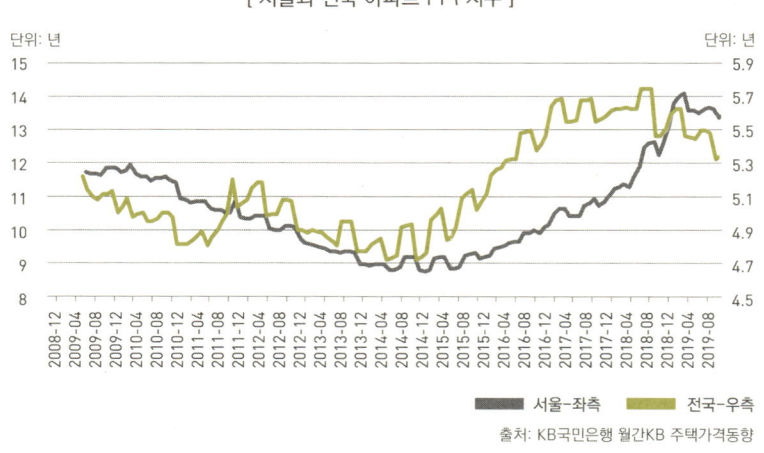

[서울과 전국 아파트 PIR 지수]
출처: KB국민은행 월간KB 주택가격동향

통계자료에 따르면 전국 아파트 PIR 지수는 2015년 8월 직전고점을 경신하였고, 서울 아파트 PIR 지수는 2018년 4월에 직전고점을 경신하였습니다 즉, 2016과 2017년은 서울 지역의 상대적 가격 상승이 예상되던 시기였습니다.

하지만 현재 서울 아파트 가격은 이미 최고 수준의 PIR을 보입니다. 소득 수준에 비해 가격이 지나치게 높다는 의미입니다. 현재 경기를 감안할 때 전반적인 소득 수준의 향상을 기대하기는 어렵습니다. 따라서 <u>중기적으로는 가격 하락이 예상됩니다.</u>

3) 단기: 모멘텀 분석

부동산은 변동성이 큰 주식과 달리 안정성이 높고 하방경직성이 작용하기 때문에 레버리지를 활용하여 투자합니다. 그래서 금리나 대출 조건 등이 모멘텀에 영향을 미칩니다.

출처: KB국민은행 월간KB 주택가격동향

이를 반영한 지표가 주택 구입능력 지수(Housing Affordability Index)입니다. 중간 수준의 소득을 가진 사람이 중간 가격 정도의 주택을 구입할 때 현재 소득으로 대출 원리금을 상환할 능력을 지수로 표현한 것입니다.

지수가 상승하면 주택 구매력이 증가합니다. 최근 5년을 보면 2015년 3월은 주택 구입이 가장 쉬웠던 시기이며 2018년 11월이 어려웠던 시기입니다. 2019년은 전 세계 물가가 하락했고, 정책금리를 인하하여 자산가치(주식/부동산)가 상승한 시기였습니다. 그래서 <u>현재 가격 상승의 주된 원인은 다시 낮아진 금리라고 판단</u>됩니다.

종합하면 주식시장의 모멘텀이 경기 상승과 기업 이익 증가라면, 부동산의 모멘텀은 주택 구입능력 지수(HAI)입니다. 주식시장의 밸류에이션이 PER라면, 부동산의 밸류에이션은 PIR입니다. 현재 서울 아파트는 중기적으로 고평가 상황이며, 가격 상승은 단기 모멘텀이 원인이라고 판단됩니다. 그러나 버블 징후는 없기 때문에 가격이 하락하더라도 급격하지는 않을 것입니다.

저는 2014년부터 2017년까지 최대의 레버리지를 활용해 서울 아파트를 매수하라고 추천했습니다. 그런데 2020년 1월 현재 "지금이라도 사야 할까요?"라고 누군가 묻는다면, "부동산은 금융자산과 달리 거래 비용이 과다하고 유동성도 낮은 점을 감안해야 합니다."라고 답할 것입니다.

특히 가정(Home)을 꾸리겠다는 생각으로 사는 것이 아니라 집(House)을 가지겠다는 마음으로 사겠다면 재고하시기를 권합니다. 단기 모멘텀 상승을 이유로 능력을 넘어서는 대출을 통한 무리한 투자는 언제나 지양해야 합니다.

2020년, 계절의 변화처럼 투자 상품도 계속 변화할 것입니다. 마지막 기회가 아닌 충분한 기회를 잡으시길 바랍니다.

마치며.

사마천 화식열전에 나오는 글입니다.

"무재작력(無財作力)이요, 소유투지(少有鬪智)이며, 기요쟁시(旣饒爭時)하라, 차기대경야(此其大經也)니라."

"재산이 없는 사람은 노력으로 돈을 벌어야 하고, 약간의 재산이 생기면 지혜를 이용하여야 하며, 돈이 많은 사람은 때를 이용하는데 이것이 경제의 큰 틀이다."라는 뜻입니다.

저에게는 이 글귀가 근로소득으로 종잣돈을 만들고, 소액이 생기면 종목(상품)을 발굴해 돈을 버는 것이 좋고, 큰 금액이 생기면 타이밍을 통해 돈을 벌어야 한다는 말로 들립니다.

많은 사람들은 종목을 묻지만, 자산가들은 타이밍을 묻는 경우가 많습니다.

어떤 요소가 더 중요할까요? 투자 수익을 결정하는 요인에 관한 실증분석 자료는 정말 많습니다. 종합하면 타이밍, 종목 발굴, 기타의 비중은 85:11:4 정도입니다. 타이밍과 종목 발굴만을 비교하면 8:2 혹은 9:1 정도로 타이밍이 훨씬 중요합니다. 기요쟁시가 소유투지보다 중요합니다.

정보가 넘치는 시대, 그래서 분별이 중요한 시기입니다. 투자 핵심 요인은 타이밍과 관련된 경기, 물가, 금리 지표입니다. 파도의 경기, 혈압의 물가, 중력의 금리를 잘 참고하시어 자산 관리가 편하고 즐겁고 행복했으면 좋겠습니다.

감사합니다.

4계절 투자법

초판 1쇄 펴냄 2020년 2월 5일
초판 2쇄 펴냄 2021년 8월 25일
지은이 최일, 박정상

펴낸이 최나미
편집 김동욱
디자인 오아름
경영지원 고민정

펴낸곳 리툴북스
출판등록 2019년 12월 18일 제2019-000345호

주소 서울특별시 강남구 광평로 56길 10, 광안빌딩 4층(수서동)
전화 070-7643-0012
팩스 0504-324-7100
이메일 hanwallbooks@naver.com

ISBN 979-11-969278-0-6

책 값은 표지 뒤쪽에 있습니다.
잘못된 책은 구입하신 곳에서 바꾸어드립니다.
이 책 내용의 전부 또는 일부를 이용하려면 반드시 저작권자와 리툴북스의 서면 동의를 얻어야 합니다.
이 도서의 국립중앙도서관 출판예정도서목록(CIP)은 서지정보유통지원시스템 홈페이지(http://seoji.nl.go.kr)와 국가자료공동목록시스템(https://www.nl.go.kr/kolisnet)에서 이용하실 수 있습니다.
(CIP제어번호: CIP2020000895)